作者简介

方琦（原名李雪）

国家二级心理咨询师

快手情感主播　特邀情感导师

二十年广播电台情感节目主持人

2001年2月至2019年11月在山东省临沂市广播电视台工作，曾先后主持过《歌声传情》《都市真情星光版》《音乐自动播》《人车生活》《轻车飞扬》《夜空不寂寞》等栏目，曾担任临沂市广播电视台都市之声广播策划部主任、副总监等职位。

她曾荣获临沂市广播电视台首届金话筒奖、临沂市广播电视台十佳节目主持人、全国学雷锋先进个人等荣誉，并先后担任山东省第十二次妇女代表大会代表、临沂市政协委员，临沂市青联委员，临沂市工商联执委等社会职务。二十年来，她一直热衷于公益事业，组织策划公益救助活动上百场，先后救助了多个困难家庭。后被评为山东省中投慈善公益基金会爱心公益大使。

2019年年底，她勇敢地拥抱新媒体，选择在快手平台做一名情感主播，成为一名大众情感导师，为广大快手“粉丝”处理各种家庭婚姻情感问题，深受“粉丝”欢迎。她曾主演网络电影《命运大玩家》，原创《夜空不寂寞》节目主题曲《至少还有我》，发行单曲《逃不过分手这个命》和歌曲专辑《秋语》《沂蒙颂》等音乐作品，并出版图书作品《夜色方琦》。

幸福美满的婚姻，从何而来？
一切都源自于自我的成长与付出！

——方琦

此生遇见你

拥抱真爱与幸福
探寻美满婚姻的秘诀

方琦◎著

新 华 出 版 社

图书在版编目（CIP）数据

此生遇见你 / 方琦著. -- 北京：新华出版社，
2021.1
ISBN 978-7-5166-5641-9

Ⅰ. ①此…　Ⅱ. ①方…　Ⅲ. ①恋爱 - 通俗读物②婚姻 - 通俗读物　Ⅳ. ①C913.1-49

中国版本图书馆CIP数据核字(2021)第027224号

此生遇见你

作　　者： 方　琦

选题策划： 陈龙海　　**封面设计：** 王玉美
责任编辑： 徐文贤

出版发行： 新华出版社
地　　址： 北京石景山区京原路8号　　**邮　　编：** 100040
网　　址： http：//www.xinhuapub.com
经　　销： 新华书店、新华出版社天猫旗舰店、京东旗舰店及各大网店
购书热线： 010-63077122　　**中国新闻书店购书热线：** 010-63072012

照　　排： 新视点
印　　刷： 三河市九洲财鑫印刷有限公司

成品尺寸： 145mm×210mm　1/32
印　　张： 9　　**字　　数：** 185千字
版　　次： 2021年6月第一版　　**印　　次：** 2021年6月第一次印刷

书　　号： ISBN　978-7-5166-5641-9
定　　价： 52.00元

序 言

因为长期在电台做情感栏目主持人的缘故，我要经常解答各种情感咨询。我发现，无论是普通大众还是那些事业有成的人，都会遇到各种情感问题，有时甚至不得不直面婚姻的危机。这些情感困局，让他们感到非常压抑和痛苦，内心也备受煎熬。

为什么明明相爱的两个人，最后却不得不分手？为什么曾经亲密无间的两个人，一见面就争吵不休？为什么曾经无话不谈的两个人，如今却无话可说？为什么曾经不分彼此的两个人，却渐渐活成了“AA”夫妻？为什么曾经人人羡慕的恩爱夫妻，最终却离了婚变成了陌路人？

我想如果他们学会了如何处理情感问题，懂得如何经营自己的婚姻，就可以很好地避免这些问题，也会收获属于自己的幸福。让更多人变得幸福和快乐，成就自己想要的爱情和婚姻，这是我做情感咨询和写本书的初衷和动力。

席慕蓉在《回眸》中写道："前世的五百次回眸换得今生的一次擦肩而过，我用一千次回眸换得今生在你面前的驻足停留。"的确，两个曾经素昧平生的人，此生从相遇、相知、相恋，再到结婚，成为彼此生命中最重要的那个人，这需要多么深的缘分？

一个人，一生中能遇到与自己相爱、相知的人，拥有一段幸福美满的婚姻，这应当是人生的一大幸事。爱情圆满、家庭幸福，是多少人所期望的？但实际情况是，在爱情和婚姻这条路上，很多人走得并不顺畅。

很多人会发现，恋爱时，两个人爱得轰轰烈烈。一旦步入婚姻，不消多时，两人就会感觉爱得平淡无奇。总感觉眼前爱着的这个人，像换了个人一样，没有了恋爱时的炙热和用心，难以感受到对方对自己浓浓的爱。尤其是有些已婚女人，她们总是担心自己一天天变老、丈夫对自己厌倦，有时还因为猜忌逼得丈夫无所适从。正是如此，不少婚后的女人往往草木皆兵。

看到这样的情况，我的心总是难以平静，并对那些曾经恩爱的情侣或夫妻感到深深的惋惜。其实，很多情侣或夫妻之间，刚开始并没有多大的问题，他们之所以闹得不欢而散，往往都是从一些小事情开始的，随着小矛盾的日积月累，最后都转变成了不可调和的大裂痕。其实只要他们双方及早调整自己的状态，那些小矛盾都可以轻松地化解。深究之后，就会发现，这些是由于情侣或夫妻双方经营不善造成的结果。

1.身份转换失败

从恋爱到结婚，很多人并没有做好身份转换的准备。结婚之后，有些女人还没有做好为人妻为人母的准备，而有些男人在结婚之后却还没有形成养家糊口的觉悟。如此这样，双方因为对彼此角色的无法适应，就无法融洽地相处。

2.双方信任缺失

在婚后生活的过程中，夫妻之间因为一些事情变得彼此没有了信任，对对方充满猜忌。不论青红皂白，不管发生了什么事情，都会用争执和吵闹来解决。这样，夫妻之间的感情只能有减无增。

3.不能互相体谅

婚后，夫妻为了家庭，各司其职，女人忙于柴米油盐的琐碎，男人为事业而奔波，但双方却忘却了站在对方的立场上体谅对方的辛苦，因此总会相互抱怨。这时，男人会觉得女人失去了恋爱时的温柔模样，而女人却觉得男人对自己失去了耐心，没有了往日的宠爱。

4.无视对方需求

婚后，夫妻双方各忙各的，彼此之间交流的内容，大多是与孩子有关的话题，完全忽视了对方也有被关心、被照顾、被重视的需要。

以上这些都是造成夫妻发生争执、关系越来越糟糕，甚至导致婚姻岌岌可危的重要因素。我认为，要想改变夫妻之间的糟糕关系，关键在于：

1.重新定义两人的关系

虽然说我们每个人都是一个独立的个体，但两个人结婚后，就是捆绑在一起的“命运共同体”。只有你好，我好，大家才能都好。所以，无论发生什么事情，都要以夫妻关系为中心。这是一个家庭的根本所在。

2.重视沟通，勤于沟通

维系一段婚姻，往往需要夫妻双方付出很多，而毁掉一段婚姻却十分容易。不重视沟通，是婚姻的大忌，也是婚姻失败的根源。婚姻中遇到的矛盾和冲突，大多数是可以通过沟通来解决的。多考虑对方的感受，多站在对方的立场上思考，这样的沟通才会更加有效。一次不行就两次，两次不行就多次。

懂得如何爱人，如何经营婚姻的人，能够增加自身的吸引力和魅力，更能提升夫妻之间的幸福指数。我认为：无论是谈恋爱还是经营婚姻，就像掌握一门手艺一样，是需要潜心研究和学习的事情。掌握了经营感情的技巧，人们才能避免情感问题，走出情感危机，收获满满的幸福。

此生能遇到一个与自己恩恩爱爱、白头到老的人何其不易！且行且珍惜，愿你能够与爱的人，此生遇见你，余生全是你。

目录

恋爱篇

遇见你真好

第一章

感性的冲动与理智的抉择

靠谱的爱情是一见钟情还是日久生情 / 002
物质和爱情，选对就会幸福一生 / 005
异地恋历劫成功也可以很幸福 / 010
解锁男女恋爱的正确方式 / 016
恋人分手是否还能做朋友 / 022

第二章

恋爱虽甜蜜，也要回归现实

与人私奔，是押上你往后余生的赌注 / 028
擦亮眼睛，小心沦为“备胎” / 035
远离渣男，及时止损 / 040
试婚，并没有想得那么简单 / 049
别让公主病“作死”你的爱情 / 053
父母反对的恋爱是坚持还是放弃 / 061
为何倾囊相投，却无法套牢爱情 / 069

CONTENT

婚姻篇

余生都是你

第三章
做出爱情的终极抉择

什么样的人，值得托付终身 / 076
婚姻选择合适还是爱 / 082
面对挚爱，恐婚族该如何突围 / 086
理性面对婚前杀价 / 090

第四章
好的亲密关系，需要用心经营

巧妙地表达需求，让他无法抗拒 / 096
最完美的控制，就是给予自由 / 101
什么样的女人，让丈夫视若珍宝 / 105
婚姻里女人要强大，而不是强势 / 109
做丈夫眼中“完美的老婆” / 113

CONTENT

第五章 彼此相爱，就不要相互伤害

“AA”的是生活，毁掉的却是婚姻 / 120
别让婚姻输给了“高期待” / 123
过分猜忌会将对方推到婚姻边缘 / 128
过度依赖会压垮对方也会失去自我 / 132
有家暴的婚姻是否还要继续 / 136
出轨是对婚姻致命的一击 / 140
合租式的婚姻堪比冷暴力 / 145

第六章 幸福的婚姻需要夫妻双修

最好的爱情，就是共同成长 / 150
守得住彼此的底线，才能守得住婚姻 / 155
男人与女人的快乐相乘等于十分快乐 / 159
婚姻中，男女要学会换位思考 / 164
正确吵架可以增进感情 / 168

CONTENT

家庭篇

此生与你相伴

第七章
掌握夫妻相处之道，提升家庭幸福指数

家庭生活需要仪式感 / 174
家是多谈感情少讲道理的地方 / 178
夫妻相处需要呵护也需要包容 / 182
男女搭配，干活不累 / 187

第八章
婆媳关系决定了家庭的温度

好的婆媳关系不是忍出来的 / 192
好的婆媳关系里，男人从不缺席 / 196
轻松化解婆媳关系技巧——丈夫版 / 200
轻松化解婆媳关系技巧——妻子版 / 205

CONTENT

第九章
好教育影响孩子一生

蹲下来才能真正看清孩子的世界 / 212
身教重于言教，做孩子最好的榜样 / 217
破坏孩子安全感的话，句句都是“软暴力” / 220
温柔的沟通远胜于暴躁以对 / 226
惯子如害子，溺爱不是爱 / 231

再婚篇
感谢你曾来过

第十章
离婚：走出过去情感生活的阴影

多少婚姻经得起背叛却毁于平淡 / 238
女人，走一家不如守一家 / 242
最悲剧的婚姻就是将就一辈子 / 246
如果无法挽回，那就好好告别 / 250

CONTENT

第十一章
再婚：第二次也很美

再婚更要懂得相爱不易，相处更不易 / 256

再婚难逃孩子的教育问题 / 261

进退有度，化解“后爹后妈”的尴尬 / 265

再婚要把握好与前任的界限 / 269

恋爱篇
遇见你真好

Lian AI Pian

第一章

感性的冲动与理智的抉择

D i Y i Z h a n g

每个人，到了懂得恋爱的年龄，内心中都渴望自己能够拥有一段甜美的爱情，能有伴侣陪伴在侧，对自己呵护有加，给自己全心全意的爱。但现实与理想总是有一定的差距。当遇到爱情时，有的人表现出感性的一面，喜欢跟着感觉走；有的人则表现出理智的一面，在深思熟虑之后才做出最后的抉择。但无论感性还是理性，把握好分寸，才能演绎出完美的爱情。

靠谱的爱情
是一见钟情还是日久生情

L O V E

很多人相信一见钟情，当然，也有人坚信日久生情。这就是对爱情的两种诠释。

一见钟情就是，见到对方的第一眼，就被对方身上的特质所吸引，彼此见面即生感情。心理学家荣格认为：每个人心里都已经有了一个“原型”。每当看到异性时，我们就会将他（她）跟自己心里的“原型”进行对比，短时间内就可以完成审核鉴定。如果认为彼此的匹配度高，就会产生一见钟情的感觉。

日久生情的两个人，必然是通过长时间的相处，发现对方有越来越多的让你喜欢的特质。也就是说，一开始对对方没有喜不喜欢的感觉。而是在日后相处的过程中，多个突然的瞬间，发现对方与自己内心设定的“原型”越来越匹配，而逐渐让自己心动。

那么“一见钟情”和“日久生情”，究竟哪个更靠谱呢？

1.一见钟情

通常，人们认为，一见钟情才是爱情的最高境界。两个人刚刚见面，就能互相喜欢和爱慕，有似曾相识的感觉，这需要无比强大的默契。两个人彼此有眼缘、有好感，才能有后续的发展。所以很多人都羡慕这种一见钟情的感情，也非常希望自己能迎来一见钟情的另一半。

一眼就心动的爱情容易让人迷醉，也会慢慢出现很多问题。当时对对方一见钟情，是因为你所看到的是对方展现出来的优秀的一面，而没有看到对方所隐藏起来的缺点。随着在一起相处的时间慢慢加长，彼此对对方越来越熟悉，会发现对方越来越多的缺点。这样，因为一见钟情而瞬间确立的一段感情，同样会因为看到对方难以让自己忍受的缺点，而使这段感情瞬间瓦解。一见钟情的两个人，没有深厚的感情积累与沉淀，虽然让人羡慕，却不具有稳定性。有的人会因为一见钟情瞬间爱上对方，也可能会在一瞬间就不再爱了。

2.日久生情

21天可以养成一个习惯，21天也可以改变一个人的习惯。日久生情，虽然不一定在21天就可以实现，但只要愿意花更多的时间，同样可以让一个人改变自己的心意，渐渐地习惯对方的存在，渐渐地喜欢上对方。而且这种喜欢，是理智的喜欢，是根植于长期的、感情沉淀的喜欢。

日久生情，到底能维持多久呢？这就需要两个人有共同的爱好，能够以诚相待，能够实现优缺点互补。

日久可以生情，也可以淡情。两人在一起恋爱久了，就会经历一个平淡期，感情会渐渐变淡，很可能会引发各种情感破裂的问题。

这样看来，“一见钟情”和“日久生情”都不靠谱？当然不是。在感情中，没有绝对的靠谱，也没有绝对的不靠谱。古往今来，有一见钟情、至死不渝的爱情，也有日久生情、白头偕老的爱情。只不过，一见钟情，相爱的两个人爱得更轰烈了些；日久生情，相爱的两个人爱得更稳定些。是否靠谱，关键还在于恋爱中的两个人如何去维系彼此之间的关系。

我认为，最好的爱情，应当是从一见钟情开始，用日久生情来维持。相恋的两个人，只有共同努力去维护，才能收获最理想的结果。

情感寄语

恋爱是一件美好的事情。但两个人相处，需要有好的开始，也需要双方共同努力，才能让感情循序渐进，才能让两人擦出爱的火花，持续耀眼下去。

物质和爱情，选对就会幸福一生

LOVE

在我们情窦初开的时候，往往对美好的爱情充满了幻想，认为爱情是至真至纯、至高无上的。但随着自己年龄不断地增长和内心不断地成熟，当我们真正到了恋爱的年纪，就会对爱情有全新的认知和解读。

虽说，人生中，不谈一次轰轰烈烈的恋爱，此生遗憾。但当我们真正大胆尝试与人谈恋爱时，却发现，我们少了情窦初开之时的纯粹和洒脱。很多人，在恋爱的时候，就在“选择面包，还是爱情”的问题上做过选择。

有的人会选择面包，她们认为有物质基础才能撑起两个人的爱情，毕竟爱情是建立在现实之上，饭都吃不饱如何谈恋爱？所以，她们谈了一场基于“饭票”关系的恋爱。她们对于恋爱对象谈不上过多的喜欢，只是希望能够借助恋爱对象来改变自己的现状，过上自己想要的生活。

有的人会选择爱情，在她们眼里，有爱情的恋爱才是开心的，对于物质，自己要的自己挣，没有谁奋斗一辈子还会穷一辈子。

甚至有的人，既要左手握住面包，又要右手抓住爱情，一样都不能少。虽然这是绝佳的恋爱对象，但并不是人人都能遇到。

的确，没有面包的恋爱，是寒酸的；没有爱情的恋爱，是索然无味的。无论选择面包还是选择爱情，我认为要遵从内心深处的需求来选择，选对了就会幸福一生。

无论你选择什么，都要基于你当前所拥有的，或者你当前所缺失的来选择。

如果你缺少的是物质生活的改善，那么在你眼里面包的价值要远胜于爱情，而且这也会成为你恋爱，甚至在婚姻路上追寻的主线。

如果你本身从小锦衣玉食，过着富裕的生活，你拥有了面包，或者面包对你来说唾手可得，那么你自然不会体会到没有面包的滋味，在你心里爱情才是最可贵的。

因此，在选择面包还是爱情的时候，遵从内心深处的需求，做差异化选择，是最好的选择。

在成年人的世界里，更多的是责任和担当。无论选择面包还是爱情，当我们做出决定的那一刻起，就应当对选择后会产生什么样的结果有接受的准备。

1.选择爱情

我们每个人谈恋爱，都应该是奔着结婚去的。在没结婚前，谈恋爱是两个人的事情，你选择了爱情，自然会享受爱情带来的美好感受。但结婚后，你面对的是两个家庭的结合，面对的是琐碎的日常生活，而且需要照顾整个家庭，日常开销巨大，甚至可能因为买车买房而负债累累。

当然，从女生这个角度来说，并不是每个女人都会在恋爱时选择了爱情，在婚后承担巨大的经济压力。因为，她们的聪明之处在于，在选择爱情时，同时也将恋爱对象是否有潜力拿来综合衡量。

因为有的男人，虽然出身家境一般或贫寒，但他却是典型的“潜力股”。他们能够用足够多的爱来对待自己喜欢的女……想通过自己的努力改变自己的现状，改变自己的人……积极上进，善于把握机会，善于尝试……可能会做得不好，但那只是过……懈努力，他们的人生一路都在向……

……爱对象的时候，她们并没有将目光……是能够放眼未来，从眼前这个男人……的未来。显然，这样的女人是十分明……情，但婚后却爱情、面包双丰收。

……准备好承受未来婚姻中的巨大经济压

力，也要准备好两人共同奋斗，共同创造美好的未来。

我曾经遇到过这样一件事情：女生家庭条件比较好，男生家庭条件差。

后来，男生的家庭发生了变故，母亲再嫁。男生十五岁便开始出去闯荡事业，赚钱养活自己。不幸的是他在外地创业，却收到了母亲去世的噩耗，他唯一的亲人、唯一的精神支柱离开了他。

此时，早年的家庭变故、母亲的去世，现在家庭对他的态度，让男生内心悲痛万分，同时使他的自尊心变得非常脆弱。感觉自己事业没成功，唯一的精神支柱也失去了，认为自己是一个失败的人，连自己的未来都没有了，又如何给女朋友创造一个美好的未来？所以他决定与女生分手。

女生在男生与自己提出分手后，状态非常糟糕，因为她不愿放弃与男生的这段感情。于是，她找到了男生，求男生不要分手……

经过几番恳切地挽留，男生最终被女生的坚持所感动，两个彼此真心相爱的人，最终和好如初。

女生家庭条件不错，却对男生不离不弃，她坚定自己的抉择。其实，她在开始决定与男生谈恋爱的时候，就已经做好了心理准备。因为她喜欢的是男生这个人，喜欢的是男生的积极进取、不懈奋斗、责任心和担当。

2.选择面包

虽说贫贱夫妻百事哀，却有很多夫妻熬过了开始的贫穷，后期过上了富裕的生活。但也有很多夫妻未能相守富贵，使得婚姻在婚后不久便夭折了。

虽说生活离不开物质，但如果爱情都没有了，再多的物质也便没有了意义。只有面包没有爱情的生活，就像是一枝永远见不到阳光的花朵，虽然有养分的滋养，却得不到露水的滋润。每天和自己一起吃饭睡觉的那个人，就像是最熟悉的陌生人，生活也味同嚼蜡，而没有丝毫生机勃勃的感觉。

那些选择面包的人，就要好好经营自己的婚姻。

情感寄语

做任何事情，趋利避害是人的本性。女人在谈恋爱时，在物质和爱情问题上，每个人都有自己的看法。但无论做出何种选择，都应当考虑如何在未来减少自己的损失，让自己的利益最大化。这是一个女人在谈恋爱时应有的一种自我保护机能。

异地恋
历劫成功也可以很幸福

L O V E

在当今的网络时代，异地恋已经成为一个很普遍的现象。恋爱双方即便天南海北，也可以轻松联络。

如果要给异地恋一个画像，那么我对异地恋的客观描述是：异地恋就是想念的时候不能见面，伤心的时候没有拥抱；生病的时候得不到对方的贴心照顾；相爱的两个人只能隔着手机屏遥遥相望，互诉衷情；买了礼物寄过去，只能不停地说：我有多爱你；每次见面都像牛郎织女鹊桥相会，见面时高兴得像个孩子，离开时恋恋不舍……

异地恋中的两个人，大多数的时间“活”在手机里，熬得过的最终收获了幸福；熬不过的最终各奔东西。

我的一位学员，她大学毕业那年，经朋友介绍认识了男友。后来这位学员留在安徽并考上了公务员，她的男友则去上海谋生。于是，异地恋便拉开了序幕。

此后几年，两人大部分时间都是在和手机“谈恋爱”。

有时候，她将手机放在耳朵边，聊着聊着就睡着了；有时候，她蜷在被窝里，抱着手机说着说着就泣不成声；有时候，甚至她会打开免提，只是静静地听着对方那边的声音，一句话也不说。

异地恋七年来，将近200张火车票，是他们爱情长跑最好的见证。每次久别重逢，两人像电视剧里一样，兴奋奔跑，冲进对方的怀抱，然后紧紧相拥。

一天，这位学员过生日，为了给男友一个惊喜，她购买了一张去上海的火车票。结果到了上海男友工作的地方，打通电话之后，才知道对方为了给自己惊喜，去了安徽。本打算翻山越岭给对方惊喜，不料却是阴差阳错分隔两地。

但幸运的是，他们都坚持了下来，领了证，结束了这场持久的异地恋。

只是，像这位学员这样，最终能够修成正果的异地恋，终究是少数。更多的人终究没能熬过时间和距离的考验。

前段时间，一位听众给我打来电话，向我咨询她的异地恋是否还要继续。随后，她向我讲述了他们的异地恋故事：

这位姓刘的姑娘和他的男友陈先生是异地恋，虽然不在一个城市，但每天都会通电话。两年下来，几乎没有中断过。之后，陈先生由于工作调动，两人的通话频率明显降低，而且经常通话没几句，陈先生就说自己工作忙，等忙完之后再联系。但刘女士却几乎没有等到陈先生的电话。面对陈先生态度前后的变化，刘女士便有一些猜忌。她经常用试探性话语问陈先生一些问题。陈先生明白刘女士的心思，起初还耐心向刘女士解释，但被猜忌多了，再加上工作繁忙，陈先生已经不想再做过多的解释。为了解开心中的疑惑，刘女士买票去了陈先生工作的城市。

没想到的是，陈先生的确工作比以前繁忙很多，但刘女士发现，有一位女同事给陈先生发的信息看上去很暧昧。刘女士看到眼前这一切，深刻地意识到，异地恋根本不适合自己。

当自己发烧难受时，电话那头只有一句“多喝开水”，回想到同事生病，同事的男朋友来公司将其接走送去医院；当自己工作不顺心，需要安慰和拥抱时，电话那头一句“没事，人就是要不断磨练才能成长”；回头看到路上一对对行人的背影，看到他们深情的拥抱，刘女士的心被这样的画面虐得心肝肺疼过……为了坚守心中的那份爱，这些她都忍了。但此时一瞬间，刘女士彻底死心了。于是她走上前去，留下“分手”两个字，头也不回地离开了。

此后，陈先生给刘女士打过几次电话，甚至专程来找刘女士解释过，告诉她是那位女同事主动，自己并未心动过。但刘女士认为不论事实如何，自己都不想再过这种“我需要你的时候，你却在手机里”的恋爱生活。但陈先生却表示自己不想放弃。

的确，异地恋就是这样：我需要你的时候，你却在手机里。两个相恋的人绝大多数时间是隔着屏幕谈恋爱。隔着屏幕，我不知道你是在笑还是在哭；在自己最需要你的怀抱，需要你摸摸自己的头发安慰自己的时候，你却远在千里之外。异地恋不易，异地恋能修成正果更不易。

异地恋如此不易，那么你在谈异地恋之前，一定要明白，异地恋就像历劫，能闯过以下这些劫难，就可以收获幸福。

1.信任

异地恋，两人见面次数非常有限，双方长期饱受不能见面的痛楚。在这种情况下，很容易让双方失去安全感。女生在异地恋的时候最容易没有安全感。因为感受不到对方的照顾和体贴，又想让对方时刻证明有多爱自己，就容易无理取闹、挑毛病和无端的吃醋。

事实上，没有安全感是因为对对方的不信任造成的。缺乏信任，是异地恋脆弱的原因。异地恋能够脆弱到一条暧昧短信、一张照片，或者一句谎言，一旦被对方发现，就能透支掉之前彼此积累起来的所有信任。

所以，任何时候都不要瞒着对方。如果想谈好一场异地恋，一定要记住：有人追求你，有人跟自己玩暧昧，一定要在第一时间向对方汇报。这样，虽然对方当时会不舒服一阵子，但之后彼此都会对对方放心。

2.管理好自己的时间

异地恋最怕的状态是就是一方很忙，一方很闲。忙的一方会忽略到闲的一方的感受，而闲的一方不想胡思乱想，但很难做到。那么双方如何给彼此吃定心丸呢？答案就是要管理好自己的时间。

※忙的一方※

对于忙的一方来讲，不要随便将“我很忙”三个字作为你的万能解释丢给对方。一个人，即便再忙，也总能挤出时间来给对方回个电话或者回个信息，“忙”只是一个给自己懒惰找的借口。异地恋本身见面难，不要将仅有的与对方沟通的方式也省略掉。你甚至可以在繁忙之余的空闲时间里拿起手机给对方一个电话、一个视频，让对方感受到你对他的在乎、你对他的思念。所以，要每天都联系，多分享多报备。

※闲的一方※

对于闲的一方来讲，自然有很多可供自己支配的时间，此时你要学会管理时间，填满你的空闲时间，不要让孤独寂寞有机可乘。

3.勇于牺牲自我

在如今这个时代，科技如此发达，交通如此便利，时间和距离根本不是异地恋熬不出结果的原因，相反是对恋爱双方的一种考验。如果彼此足够相爱，就会因为那份执着的爱而牺牲自我，勇于放弃自己的事业、放弃自己的生活圈子，直奔对方所在的城市，和对方就此长相厮守。

异地恋，如果不能做到以上几点，就要趁早放弃。因为，谁离开谁，明天的阳光依旧灿烂。

情感寄语

异地恋对于很多人而言都是非常难熬的，最害怕的不是煎熬的过程，而是煎熬到最后，对方却不再是自己的另一半。不管异地恋成功的概率是多少，只要真心相爱，就一定要想方设法闯过每一道关卡，才能抵达执子之手，与子偕老的幸福彼岸。

解锁男女恋爱的正确方式

L O V E

现实生活中，不少男生、女生的恋爱过程十分曲折，他们在恋爱这条路上屡战屡败，屡败屡战。可是有相当一部分人，却一直走在试错的路上，从未真正走向成功。

对于他们这种越挫越勇的精神，我十分欣赏。但对于他们这种不善反思，不做总结的行为，却实在是感觉无奈。谈恋爱其实是一门学问。无论相处，还是沟通，都是需要掌握技巧的，不是随心、随性、随缘地谈一场恋爱，就能走向成功的彼岸。

很多时候，并不是我们时运不济，没有遇到属于自己的真命天子或真命天女，而是即便遇到了，却不自知，不知如何正确对待眼前的爱情。最终使得自己与这段爱情、与心爱之人越相处，距离越远。

这个世界上，最遥远的距离，不是你我隔着千山万水，而是我就在你面前，你却不知道如何正确表达爱。用对你的爱，用理智对待爱情，你的一片真心才不会付诸东流。

在这里，我分享一些恋爱中的男女该如何打开恋爱的正确方式。希望更多读者在恋爱的路上能够知道如何与对方相处？如何少走弯路？如何提升彼此之间的感情？

1. “不完美”更容易让人亲近

不论男生还是女生，都喜欢在自己喜欢的人面前保持完美形象，喜欢给对方留下好印象。女生总想让自己的妆容精致，举止优雅；男生总是喜欢让自己看上去精神帅气，举止绅士。

越是让自己保持完美，就越能给对方留下美好印象，这一点是毫无疑问的。但保持完美，就真的可以散发出强大的吸引力和无敌的魅力吗？我认为不然。越是看上去完美无瑕的人，越容易让对方产生距离感。这样的人的确让人感觉十分惊艳。但与此同时，也给人一种高高在上，甚至中规中矩的感觉。虽然多了一些优雅、得体，却少了很多接地气的真实感。这样的“神仙人物”少了烟火气息，让人觉得没有亲和力，甚至让人觉得高攀不起。只适合远观，不敢靠近。

相反，那些长相稍好，却总是在举手投足间露出“马脚”的人，则更具吸引力，更讨人欢喜。他们穿着以休闲为主，总是展露甜美笑容，却在吃饭时含着食物，鼓着腮帮子和对方聊天，这个样子真实中透露着可爱，更能让人心生喜欢之情。

所以，展露一些无伤大雅的小毛病，表现得不那么完美，有时候不但不会让对方讨厌，反而会让人觉得可爱、亲切、接地气。

2.你对待自己的方式，就是对方对待你的方式

在恋爱中，你如何对待自己，对方就会如何对待你。

有一个“粉丝”曾经向我抱怨，她的男朋友对自己很抠门，每次约她吃饭，要么是路边摊，要么就是小饭馆，就连送她的生日礼物，也从来没有超过三位数。我问她是不是她的男友家庭条件有限，她说她男友父母都是大学艺术系教授，男友是做IT行业，月薪十分可观。看来她的男友条件还不错。我问她自己平时花销方面如何规划和实施的。她说她平时薪水虽然不是很低，但总是想着以后结婚了，日常开销一定非常多，现在在自己的吃穿上少花点钱，以后结婚了，日子就不会过得太紧巴。她平时每一分钱恨不得掰成两半花。一次，为了省两块钱，她一次性买了五斤青菜，整整吃了一个礼拜。

而我的另一位“粉丝”，我们在私下聊天时，她告诉我，她是一个追求生活品质的人，十分舍得投资自己。虽然一个月的工资不是很多，但总是把每月的工资做合理的规划，有一部分存了起来，另一部分则在自己能承受的范围内为自己添置好东西。她认为，吃饭并不只是为了填饱肚子，而是让自己营养均衡；买衣服不是随便买来穿穿，而是让自己看上去形象得体。她每年都会为自己安排一次旅行，拓宽自己的视野和眼

界。男友对她也很大方，经常带她去环境很好的餐厅。特殊节日，还会下血本为她买礼物。

同样是恋爱中的两个女生，为什么会遭遇这样的差别呢？很多时候，一个人的价值感，首先是自己赋予的。你对待自己抠门，对方自然也会对你漫不经心。倘若想让对方好好对待自己，首先要重视自己的价值，好好对待自己。

3.懂得保持彼此的边界

很多恋爱中的人认为：与另一半在一起，就应当不分彼此，这样才能算是关系亲密。

我曾遇到过这样一件事情：有个男生，和女友交往一段时间后，带女生回家见父母。妹妹看上了女朋友的名牌包，男生并未征求女友的意见和许可，就直接把女朋友的名牌包送给了妹妹。后来，女友就跟男生闹分手。

即便是夫妻，对于财产也有婚前、婚后之分。更何况在恋爱期，自作主张拿女友的名牌包送给别人，自然是女友不乐意的原因。恋爱双方，即便自我感觉彼此关系再亲密，也不能模糊双方的边界。有时候太不把自己当外人，反而容易让彼此的感情走向毁灭。

4.良好的沟通给人舒适感

谈恋爱，首先要谈得来，才能有后来的恋爱。如果两个人在一起，要么没话可聊，要么把天聊死，这两种沟通方式只能让你们之间的恋爱关系就此终结。想要和对方有后续的发展，让对方对你产生好感，那么就需要先让自己在与对方的沟通过程中，既有话可聊，又能释放出自己的魅力，让对方感到舒适。这就要在聊天的时候，多联想、多找共性话题。

比如：当你和对方谈恋爱时，彼此不太熟悉，想要更多更好地了解对方，沟通是最好的方法。当你看到对方朋友圈有很多旅行照片时，就会联想到对方可能喜欢旅行。便可以这样说："我看你朋友圈的照片了，大多数是旅游时拍的照片，感觉景色很不错。"如果对方说照片在哪里拍摄的，就可以围绕这个地方，讲述一些经历和见闻。这样，就会激发对方的表达欲，使得两人的共同话题马上转移到这一点，两人可以对此侃侃而谈。如果对方无论聊到什么，你都能聊个一二，自然会让对方觉得你见多识广，与你有共同话题，能聊得来。

绝大多数普通人，对于旅游、宠物、美食、学生时代都很感兴趣，都有很多话题可以倾诉。如果你实在不知道聊什么、如何聊，不妨将这些方面作为切入点寻找与对方的共同话题。

情感寄语

在恋爱期，无论男生还是女生，都希望自己在蜜恋期能够找到属于自己的那份真爱。一段恋爱关系是否成功，不是看两人是否牵手成功，而是由两人的感情品质而定。

恋人分手
是否还能做朋友

L O V E

“可以做朋友吗？”这是两个人故事的开始。“还可以做朋友吗？”这是两个人故事的结束。

有的人虽然分手了，但不想让对方就此离开，想让对方以朋友的身份，与自己继续保持联系，希望用这种方法将对方继续留在自己的生命里。

某个夜晚，我的一个“粉丝”发来了信息“我决定再也不跟他联系了。”只此一句，干净利落。之前，她就向我诉说过男友提出要跟她分手，但她始终放不下这段感情，所以希望男友能答应和她做朋友，在她的苦苦哀求下，男友才答应。

这位姑娘和男朋友相恋五年，他们就是好友眼中艳美的对象。在别人眼中，他们注定会拥有一个完美的爱情结局。岂料，所有人都想不到会是另外一种结局。姑娘曾以为她跟男朋友之间一定会水到渠成，就算分开也必须有一件轰轰烈烈的大事发生，比如第三者，比如父母的极力反对，比如某一方得了不治之症。然而，没有任何事情比现实来得更真实，两人看似牢不可摧的爱情，却被生活中一点小小的压力，拆解得分崩离析。

分手后，姑娘总是忍不住去关心对方的一举一动，她会在深夜流着泪翻看对方的朋友圈，试图寻找他还喜欢自己的蛛丝马迹。看到对方生病了，她就发消息叮嘱他吃药、喝水；看到对方遇到烦心事了，她就忙着打电话过去关心、安慰。我劝她分手了就不要再联系了。但姑娘没听。她说："就算分手了，我想我们还是可以回到以前的朋友关系，没必要老死不相往来。就算是做不成恋人，但换一种身份，作为朋友，陪在他身边也会觉得满足。"

那天，她突如其来的一句话，让我有些惊讶。于是我回复过去，问她："怎么突然想通了？"她的回复是："我突然发现，分手后我还对他念念不忘，原来这不过是我内心不甘心而已。"

原来，她发现对方没多久就有了新女朋友，他的朋友圈记录的都是与现女友的美好生活。姑娘看了内心十分酸楚。不久后，对方直接将朋友圈对姑娘可视关闭，他的电话号码姑娘也没再拨通过。此时，姑娘才恍然大悟，有些人一旦做不了恋人，连朋友也做不成。

现实打了姑娘一记耳光，让姑娘恍然大悟。这个世界，无论做什么，选择什么，都是自己的事情，别人没办法帮你做决定，但可以给你提供最理智、最合理的建议。所以，此时回归到“如果做不了恋人，是否还可以和对方回归到朋友”这个问题上来，我认为，可以，但你需要承受这些：

忍受无时无刻的吃醋；

忍受过山车般的情绪；

忍受他把你空气般忽略；

忍受你看到他就会想起过去的甜，想起现在的痛。

这些往往是大多数人无法承受的。如果你忍受不了，就果断跟他说：“和你除了恋爱，我什么都不想谈。”

感情里，最自欺欺人的称呼，就是“朋友”。多少人以“朋友”的名义深爱着对方，最后又以朋友的定位拉开彼此间亲密的距离。

事实上，真心喜欢过一个人，没法和对方做朋友，因为哪怕是多看对方几眼，内心中想的依旧是拥有对方，因此更不甘心就此放弃。两个人曾经有多相爱，分手的时候就会有多痛。爱得越轰轰烈烈，就越应该分得干干净净，即使内心有万般不舍。爱恨分明的人，当然会直接了断地说“拜拜”，老死不相往来。拖泥带水的人，往往为情所困，还沉浸在种种的美好当中。既然已经分手了，就意味着彼此不再是对方心里爱着的那个人。两个人到最后没有办法走到一起，如果还联系，最后苦的只能是自己。

再甜蜜的恋人，一旦分手，就再也回不到从前。既然无法在一起，就算再舍不得，也要选择放手。真心爱过的恋人，最懂得这样的感觉，更明白这样继续纠缠，也不会有什么好的结果。恋人和朋友本是两种不同的角色，如果决定分手，那么就分得彻底一些，给自己和下一任都留一些空间。除了生死，能让两个人离开的都是爱得不够深。

人生如旅，有些人注定与你相依相守一生，有些人注定是你生命中的过客。就算爱过，也别再执着，因为那只会让你陷入更多的痛苦当中。与其长痛不如短痛，不再打扰对方，退出对方的生活，才是最好的选择。分手，就是彻底结束，一别两欢，各生欢喜。

情感寄语

两个真爱过的人，是没办法做朋友的。不要轻易相信自己的意志力，当你真的去面对的时候，你会发现，你的内心已经被伤得千疮百孔，已经没有力气说服自己再去承受本不值得承受的一切。所以，既然没有办法继续走下去，就要让自己体面地离开。互不干涉、互不影响、不再联系、不再留恋，是最好的方式。这样，各自回到自己的生活轨道上，才能有新的开始。

恋爱篇
遇见你真好

Lian AI Pian

第二章

恋爱虽甜蜜，也要回归现实

D i E r Z h a n g

恋爱初期，你可以充满了美好和幻想，可以做出任何不切实际的承诺。但恋爱虽甜蜜，终究都要面对现实。很多时候，回归现实，让甜蜜的恋爱变得不堪一击，使得多少恋爱败给了现实？但即便如此，回归现实的恋爱才是最真实、最有效的恋爱。

与人私奔，是押上你往后余生的赌注

L O V E

安迪·安德鲁斯在其所著的《上得天堂，下得地域》一书中，有过这样一句话：“人的一生中至少要有两次冲动，一次奋不顾身的爱情，一次说走就走的旅行。”

的确，有很多女生为了自己的爱情奋不顾身，付出很多，甚至有的人不被父母祝福，与人私奔。大胆追求爱情，虽然精神可贵，但要知道，与人私奔，不论结果是好是坏，都是押上你往后余生的赌注。押对了，一辈子的幸福；押错了，只能打碎了牙往肚子里咽。

然而，现实中，那些为了爱情私奔的人，他们的爱情很多并没有像最初想象中的那么美好、长久。相反，私奔却成了她们对爱情幻想破灭的助推器。

小张是一个饭店老板，小岳是一名职员。两人是大学同学，都是学生会部长，经常在学校组织活动的时候会在一起碰面，但那时候小岳已经有了男朋友，而且是异地恋。前男友的父亲与小岳的父亲原本是相熟的老朋友，希望两家孩子谈恋爱能以结婚为目的走下去。但由于是异地恋，小岳与前男友的情感并没有想象中的那么好。于是，小张就认为有机可乘，开始挖起了“墙角”。

小张对小岳照顾有加，希望能有朝一日赢得芳心。一天，小岳正在和前男友视频通话，小张拎着要给小岳的东西，闯入画面，小岳前男友得知后提出分手，并把事情告诉了小岳的父母。得知情况后，小岳的父母对于小张拆散自己女儿与未来女婿这件事零容忍，而小张也因此在小岳家长心里种下了“坏孩子”的种子。

然而，应了那句话：“女大不由娘”。小岳感知到了小张对她的好，也因此坚定了自己结束异地恋的念头。在不顾父母的反对下，在大学毕业之后就跟着小张回到了老家，认为从此两人奋斗，一定能闯出属于自己的一片天。

小张找朋友开了一家饭店，小岳则成为一家公司的职员。但事实并没有向他们想象的那样发展。小张终日忙于创业，与小岳交流的时间也少了，很少有时间关心小岳，更少了以往的浪漫。只有创业需要帮助的时候才会找小岳帮忙。小岳觉得她当时远离父母，奋不顾身地私奔，如今看来都是不值得的。

有一次，小岳在朋友圈看到前男友晒结婚的照片。转头再看看自己，男友没房、没钱，一心在事业上，对结婚毫无计划，婚期更是遥遥无期。所有的这些，让小岳内心中更加后悔自己当初的选择，因此想要和小张分手。

爱情是美好的，使得很多人像小岳一样甘愿沉迷其中，甚至有人不计后果的为了爱情付出了所有，但得到的却不是自己想要的。为爱付出所有，这是大多数人的本能，毕竟遇到了爱情，谁都想一把将其牢牢抓在手心。

现实中，有很多像小张和小岳这样私奔的情侣，但他们的结果并不好。并不是他们不够认真，而是他们做出私奔这个决定过于仓促、草率，没有考虑到后果。任何时候，欠缺考虑的私奔未必能换来你想要的结果。未经失意不懂人生，未经失恋不懂爱情。你的全心付出不代表一定有收获；一个人，只有体会过仓促做决定后的痛，才知道什么是真正的爱情，才知道恋爱时，面对重重困境该如何慎重抉择，而不是仓促决定。

在恋爱时，你可以选择自己的方式。但既然选择了背负种种压力，背叛身边所有的人，那么选择与对方私奔的时候，就要想到，未来你有两种结果：一种是不论在爱情这条路上发生什么，只能逼着自己勇敢向前；另一种就是不愿付出，面对不是自己想要的生活而悔恨和难过。

那么如何才能让自己既能得到真爱，又能减少自己悔恨和难过的概率？我想给大家一点建议：

1.确定对方是否是那个对的人

人的一生，有很多不确定性。正是如此，我们在下定决心与人私奔之前，更要谨慎。多想想自己打算与其一起私奔的人，是否确定就是那个对的人。

什么才算是对的人呢？

（1）三观一致

三观，即世界观、人生观、价值观。很多情侣在谈恋爱的时候，只是荷尔蒙的萌动，被对方的颜值、帅气的动作、迷人的眼神所吸引，由此产生怦然心动的感觉。但关于三观是否一致的问题，却从来没有考虑过。判断三观是否一致，我给出以下几个方法：

聊天的契合度

之所以称之为“谈恋爱”，说明恋爱首先是两个人谈出来的。所以，恋爱中的两个人，聊天、沟通最重要。谈得来，看起来只有简简单单的三个字，但这三个字中却包含了两个人的兴趣爱好、眼界认知、思维逻辑。这三方面共同构成了人与人交流的语言。所以，聊得来，是需要一定的条件的。如果两个人知识储备量相差太大，兴趣爱好大相径庭、思考一件事情的角度相互对立，聊天时，天南海北，必定很难达到一定的默契，甚至会产生话不投机半句多的感觉。

默契，就是我想表达什么，在我还未开口前，你已经了然于胸。所以，聊天的契合度，可以很好地衡量恋爱双方三观的一致程度。

交际圈的融合度

每个人都有自己生活的圈子，而圈子就像是一面镜子，能够清晰地照出一个人的生活习惯、思维习惯、为人处世的习惯。所以，在决定与他私奔之前，要先考虑你与他的交际圈的融合度。毫无交集的交际圈，代表着截然不同的价值追求和生活方式。这样的两个人虽然彼此因好感而吸引，却难以相守一生。

未来期待的相似度

真正相恋的两个人，最终都是奔着一辈子走下去的，都是将幸福彼岸作为未来的期待和奋斗目标。但对未来的期待和奋斗目标，每个人有自己不同的设定。如果两个人奋斗目标与所愿，出现大范围方向性偏差，那么两个人终将难以走到最后。

（2）真心待你

两个人的爱情，只有不掺杂任何虚伪，才值得你奋不顾身。没有真情，一切都是虚妄，又如何值得你为其私奔?

2.是否非他不可

在童话故事里，有很多此生非你不可的恋人偶像，他们的私奔故事看起来是一件非常浪漫的事情。但那毕竟不是我们生活的真实世界。现实生活中，我们会遇到很多人，然而在成人的世界里，感情中很少有哪个人是非谁不可的。

有些事情、有些道理，有的人在一开始或许就已经看得很清楚，看得很透彻；有的人往往在情感漩涡里兜兜转转，吃过很多次亏，才肯承认。与其在痛过后才肯承认，不如在不计一切后果与对方私奔之前，就要先知道这个道理。

3.多听听父母的建议

人们常说：不被父母祝福的婚姻，难以长久幸福。这句话不无道理，很多实例是最好的证明。不顾及父母的感受，不顾及父母阻拦，就与人私奔，是一个人内心不成熟和自私的表现。一个真正内心成熟的人，会坐下来，与父母面对面交流和沟通，向父母寻求建议。天底下没有谁的父母不希望自己的子女过得幸福快乐。作为过来人，父母活了大半辈子，有丰富的人生阅历，在识人辨物方面远远要比你准。

虽说自己的爱情自己做主，但很多时候我们往往是“当局者迷，旁观者清”。有时候，我们容易被恋爱冲昏头脑、蒙蔽双眼，让我们想不透一些事，看不清一些人。所以，多听听父母的建议，会让你避免很多没必要的伤害。

情感寄语

爱是无罪的，没有错；爱要努力争取，也没有错。但恋爱，最大的忌讳就是被爱情冲昏头脑，仓促做出决定。那些爱情中的“勇敢者”，不顾父母的反对，毅然决然地与父母决裂，与别人私奔，绝大多数没有好的结果。幸福，一半要顺从，一半要争取。听从父母的建议，理性思考，并没有什么坏处。

擦亮眼睛，小心沦为“备胎”

L O V E

在恋爱里，最悲惨的结局，不是倾尽所有的付出后惨遭拒绝，不是走着走着就走到了分手，而是你掏心掏肺，却最终在不知不觉中沦为了别人的备胎。当自己醒悟后才发现，原来在这场恋爱中，一直都是在自嗨。悔恨、痛苦、不甘，甚至让人不敢再相信爱情。

很多电视剧中，女主并不是男主的第一人选，也就理所当然地成了他的备胎。这种备胎关系具有名义上的属实性。

但现实生活中，有很多女生“被备胎”，却还蒙在鼓中，不自知。

一天，晴子打热线电话过来，哭诉着自己的恋爱经历，问我该如何解决她当前的恋爱难题。

原来，她和男生是在社交软件上认识的。起初，两个人聊得很好，男生挺主动，虽然看不到对方的表情、听不到对方的语气，但在字里行间，晴子能够感受到男生对自己的热情。无论在晴子开心的时候，还是不开心的时候，男生能够知道什么时候该说什么话，能够用最恰当的文字和语言撩动晴子的心。晴子认为自己遇到了喜欢的人，也遇到了喜欢自己的人。

后来，两个人开始视频通话，晴子从看到对方的那一刻起，就对对方一见倾心，在内心中认定了这个男生。

再后来，两人相约见面，从虚拟的线上走到真实的线下，晴子感觉这个男生不错。于是，在男生的邀请下，他们一起吃饭、一起看电影、一起去游乐园玩，期间也牵了手，有过亲密动作。晴子以为，这就是在谈恋爱了。然而，每当晴子想要明确两者关系时，男生总是找各种理由搪塞，不给明确答复。

此后，男生对晴子的态度忽冷忽热。正当晴子内心冷到决定要放弃的时候，男生又主动约晴子见面，还给晴子买了礼物。

这种状态一直持续了半年，男生还是没有向晴子明确表态。直到有一天，晴子与闺蜜逛商场时，发现男生搂着另外一个女生逛街时，才仿佛从梦中醒来一般，原来自己“被备胎”了。

在恋爱中，有多少女生成了别人的“备胎”，却毫无察觉？又有多少女生明知自己成了“备胎”，还强装笑脸，不愿意离开。

“备胎”原本是汽车的一个备用轮胎，如果汽车轮胎有问题，就会拿备胎来替代。很多女生沦为了“情感备胎”，却抱着“守候”的心态，等待着自己喜欢的那个人能够重视自己。一个女生，有这样的心思去死缠烂打，还不如多思考一下男生“培养备胎”是怀着一种什么样的心理更有用。

其实，培养“备胎”，就是在必要的时候以供不时之需，在不费力的情况下就能获得自己想要的，或是情感上的寄托，或是失恋后的迅速补位，或是生理上的需求，或是填补心理上的空虚。

《前任2：备胎反击战》中，有这样一句话：“备胎就像是充电宝，款式多样方便携带，而且可以随意更换。充电器一个就够了，充电宝绝不嫌多。”这就意味着，对方什么时候需要你，你就什么时候出现。他的快乐，与你无关；他的幸福，与你无关。当清楚了这些之后，晴子应该庆幸，陷进去的只是自己的情感，而不是整个人。

所以，谈恋爱时，女生一定要擦亮自己的眼睛，时刻审视自己的感情，时刻审视对方的表现，不要将自己沦为别人的“备胎”，将伤害降到最低。

那么如何才能擦亮眼睛，识别自己是否“被备胎”了呢？

1.对方的综合付出

一个人，真心喜欢另一个人，会心甘情愿地付出。在一段感情里，一个人在你身上所作的付出，包括金钱付出、时间付出、精力付出、感情付出。如果这些付出综合来讲给的你都很少，或者只会在自己有需求的时候才会给你情绪价值，如甜言蜜语、暧昧话语，让你误以为他喜欢你。情绪价值是虚幻的，如果他只愿意拿虚幻的东西撩拨你的情绪，而不会在你身上做出实际性付出，那么就说明对方就已经把你当作“备胎”来培养。

2.对方的“三不”特质

如果一个男生真的喜欢你，他会非常开心地将你列入他的日常规划当中，如什么时候联系你，什么时候与你约会，什么时候向你承诺未来。而不是不主动与你聊天，不主动约你，也不是你约他时，他从不拒绝，更不会拒绝你的投入和付出。即便交往半年甚至一年，都不会和你确定关系，不会向你做出任何承诺。

如果对方有这样的特质，说明这个男生其实并不像你想象的那样喜欢你。只要你不过于沉迷于自我虚幻的爱情当中，只要你稍微留意就能对此有所察觉。

3.对方的若即若离

对于真爱而言，若即若离能够让两个人的感情升温；对于虚情假意来讲，若即若离却成了对方“培养备胎”的套路。当男生将你当作备胎来培养的时候，你在他眼中并没有你想象的那么重要，不管是即还是离，都只是为了“培养备胎”作铺垫。

如果你的恋爱对象有以上三点表现，那么你就要有所警觉，认真判断对方是否将你当作了备胎。其实，很多时候，这三种情况会同时出现。

假如你发现自己“被备胎”，又该如何应对这让人心痛的糟糕局面呢？答案是及时止损。

如果你已经知道自己在不知情的情况下沦为了“备胎”，那么最好的办法就是要及时止损。安静离开，要比无休止地继续作“备胎”要明智得多。发现自己“被备胎”并不可怕，最可怕的是自己依旧拖泥带水，恋恋不舍。你越是不舍，付出的就越多，最终受到的伤害就越深。

情感寄语

“备胎”收到的信号，介于爱与不爱之间，这有时的确误导人，因为模棱两可的暧昧，像极了爱情，容易使人混淆。所以，谈恋爱虽然给人甜蜜的感觉，但一定要保持理性，唯有做到这一点，才能分辨出爱情与暧昧的差别，才能找出破绽，预防沦为“备胎”。

远离渣男，及时止损

L O V E

谈恋爱，就像拆盲盒。拆开之前总是充满期待和美好的幻想，希望自己挑的一定是最好的；打开之后，却发现自己美好的恋爱幻想被破灭到一丝不剩。渣男，就是女生谈恋爱路上“拆到”的最大的不幸。

每个女生都期待谈一场偶像情感剧式的恋爱，找一个能够对自己一心一意，真心为自己付出，能够对自己好的男人。然而，结果却遇到了渣男，让自己受的伤始料未及。甚至有的女生似乎是天生的“渣男体”，谈几次恋爱，就遇到几个渣男。这对于一个女生来讲，无疑是最要命的。

渣男往往十分善于伪装，而很多女生往往被一些表象所迷惑，看不到其本质。所以，在与一个男生谈恋爱时，要想不被伤害，就需要识破渣男，远离渣男。一个渣男到底有多渣，也是有一定的级别的。

一级渣男：只顾自己，不顾对方感受

这样的人，总是信誓旦旦地说对女生好一辈子，但事实上做任何事情，都是以优先考虑自己的利益为主，却从来不在乎女生的感受。当女生指出他自私时，他却反过来指责女生，不顾及他的感受，嫌弃女生不够通情达理。

娜娜从小到大都备受父母呵护。长大后，她远离父母，在外工作。也谈了人生中的第一场恋爱。恋爱之初，男友对她百般呵护，让她感觉自己仿佛回到了父母身边，享受着父母般的爱。她本以为眼前这个男生注定就是自己的真命天子，是上天专门派来照顾她的。但当两个人开始一起生活后，她发现，男友仿佛换了一个人。下班回家什么家务都不做，只躺在沙发上玩游戏。娜娜即便加班回去很晚，也都没饭吃，还得自己动手去做。

一天，娜娜实在难以忍受，便抱怨了一句，没想到，男友不但没有悔过之意，反而十分生气地告诉娜娜自己玩游戏是在缓解白天工作的压力。他一边指责娜娜不通情达理，一边责怪娜娜太过矫情，做饭做家务本来就是女人做的事情。

娜娜的男友，就是典型的只考虑自己不顾及别人的人。

二级渣男：不思进取，开“空头支票”

这样的人，总是善于用自己的花言巧语来堆砌自己的爱情，他们向女生描绘着两个人的美好未来。但实际上却是一个不折不扣的堕落分子。不思进取、安于现状是他们的典型特质，开“空头支票”是他们最擅长的事情。

三级渣男：爱心泛滥，到处送温暖

很多女生在刚认识这样的人时，都会惊呼“哇，好暖”。他无微不至，体贴细心；他绅士风度，成熟有耐心。在女生生病、不开心时，总是能微笑着、耐心地哄女生开心。但他并不是只“暖”你一个人，相反，他爱心泛滥，到处送温暖。你认为的对你无微不至、体贴入微，其实很多女生都享受过这样暖心的待遇。

四级渣男：没有担当，缺乏责任心

如果一个人真的爱另一个人，会时时刻刻保护对方，成为一个有担当的人。但四级渣男却没有尽到男友应尽的义务，在女生需要保护的时候，永远躲在最远处。男生在恋爱中，本身就应当扮演有担当、有责任心、保护女生的角色，这才是一个男生在爱情中该有的表现。

五级渣男：撩拨，却不公开关系

这样的人，做着情侣之间该有的事情，约会撒娇、拥有彼此，两人单独相处的时候表现得与女生爱意浓浓，但在遇到熟人时，却下意识地与女生保持距离；在社交圈、朋友圈屏蔽或“冷藏”女生。对于这样的人，你就要重新考虑一下他的诚心了。

撩拨了女生，让女生内心躁动不安、荡漾不已，却永远不会承认或公开两人的关系。有几种可能：

第一种，女生已经“被第三者”，见不得光；第二种，他正打算与女生搞暧昧，如果公开会影响他继续拈花惹草；第三种，看不上女生的条件，认为女生拿不出手；第四种，女生于他而言，只是两个字“将就”。

六级渣男：没有规划，从不谈未来

这样的人，往往不会给女生任何承诺，更不想谈及两人的未来。当女生兴致勃勃地与他计划未来，并希望得听到对方的美好规划时，他却用一句“我们现在的关系不是很好吗？我爱你，你爱我，让这种状态一直持续下去不就是最好的规划吗？”女生从来在他那里得不到任何期许，女生只是他快餐式爱情中的一份“快餐”而已。

七级渣男：吃软饭，甚至用女生的钱养别人

这样的人，丝毫没有上进心，却能用计谋和手段牢牢套住女友的心，让女友为他心甘情愿地付出。这种人就像“吸血鬼”一样，自己不付出，光明正大地花着女友的钱，送礼也是拿着女生给的钱买廉价商品送给女友。更厉害的是，他还背地里拿女友的钱养别人，而女友却蒙在鼓励，依然乐意为其付出，并觉得彼此爱得深、爱得浓。

女生小蓉是一家公司的职员，男生小关之前是上海一家工厂的员工。辞职后来北京找工作。小关无意间在路上遇到有人欺负小蓉，于是英雄救美，就此认识了小蓉。由于小关颜值尚

可，再加上小关在关键时刻挺身而出帮了自己，所以小蓉便对小关有了好感。此后，两人经常联系，一起吃饭，一起出去玩儿。渐渐地，就从朋友关系上升为情侣关系，很快就生活在一起。

小关由于初到北京，还没有找到合适的工作，除去房租以及生活开销，小关已经没有积蓄了。于是向朋友借了一点钱以便维持日常生活开销。小蓉得知小关的情况，作为恋人，为了减少小关的生活压力，便出资为小关租了房子。入住那天，小关为了感谢小蓉，亲自下厨为小蓉做饭，小蓉从此便更加喜欢小关。在相处的日子里，小关一直没有找到合适的工作，但对小蓉无微不至的关心却有增无减，小蓉的同事看到这一切，全部投来羡慕的眼光。小蓉作为当事人，则更能感受到小关投入到自己身上的真情，便经常接济小关，给小关买衣服、买生活用品。

相处半年后，小蓉在小关身上花了好几万，无论一起出去吃饭、看电影、逛商场，还是交房租、买手机，所有的费用都是小蓉出。但即便如此，小蓉心里仍爱着小关，为他所作的一切都心甘情愿。

后来，小蓉托朋友为小关找了一份工作。由于刚入职，小关每次与小蓉见面，都告诉小蓉工资低，生活难以为继，小蓉也每次都会转账给小关。交往将近一年的时候，小关每天跟小蓉的沟通和互动也越来越少，几乎每次小蓉给小关打电话，约小关见面，小关都以工作忙为由拒绝见面。因此小蓉开始怀疑小关。经过询问与小关一个公司上班的朋友，才得知小关和公司一个女员工走得非常近，看上去十分亲密，朋友还误以为小关和小蓉分手了。小蓉听到后十分震惊，自己喜欢的、愿意为他付出一切的人，却背叛了自己，还拿着自己的钱养活别人。

小蓉遇到这样的渣男，是她的不幸。但小蓉的不幸，原因有两方面：一方面，小关本来就是渣男，是小蓉自己不能识人辨物；另一方面，小关这样的渣男是小蓉一手培养起来的。但无论是男生原本就具备渣男特质，还是女生亲手将男友培养成了渣男，女生都要停止与这个男生之间的一切，包括真情和付出。

八级渣男：明确了恋人关系，却到处拈花惹草

很多男生就是喜欢吃着碗里的，还要吃锅里的。明明已经和女生谈着恋爱，却同时还爱着别人。这样的人，往往容易拈花惹草，不但不承认错误，还理直气壮地跟女生说："我爱的只有你，发生的一切只是一时冲动。"之后，还装作想要掏出自己的心来证明自己对女生的一片爱意。

这样的人，如果你对她心软，就是纵容他下次继续"作恶"，最终只能一次次被他伤害。

九级渣男：暴力倾向很强，动手成了习惯

暴力分为两种，一种是身体暴力，另一种是冷暴力。动手打女人的男人，同长期实施冷暴力的男人一样，带给女生的伤害是很深的。而且一个暴力性很强的男生，一旦动手成了一种习惯，便将用暴力解决问题作为了一种解决分歧的主要方式。

甚至在自己不顺心、不开心的时候，也会对女友施暴，以达到内心情绪的平衡。这样的男人，给女生带来的内伤加外伤难以预估。如果你的男友有暴力倾向，不要有任何幻想和留恋，趁早远离。

十级渣男：已婚，却还撩拨女生

有的女生，心动“阈值”太低，只要有帅气、潇洒、温柔、言语上呵护和关心自己的人撩拨自己，就难以抑制一颗躁动不安的心，便对对方掏心掏肺，付出真心和真情。

很多时候，这样的女生却不知道撩拨自己的人是个已婚男人。而有的女生明知道对方是已婚男人，却难以放弃这种享受浓浓爱意的感觉。因为已婚男人毕竟是“过来人”，他们更知道一个女生需要的是什么，如何才能让一个女生心甘情愿地动心、动情。当他们得到女生之后，当女生提出正式交往，或者结婚计划时，他们却用各种借口将自己撇得一干二净。因为他们根本不愿意为了你而放弃自己奋斗多年打拼的事业、经营的家庭、社会声誉以及积累的财富。他们之所以撩拨女生，完全是为了寻求刺激感和新鲜感，从未想过对女生负责。这样的男人，就是典型的顶级渣男。

渣男这么讨厌，但为什么还有那么多女生会遇到渣男受骗呢？其实，渣男寻找的女生都有几个共同点：

1.自作聪明

有的女生，自认为段位很高，阅人无数，但内心其实还是一个十分善良、纯真的姑娘。对于这类女生，渣男通常第一步会取得她们的信任，引起她们的同情心，让她们忍不住想要对对方好。

2.缺爱

很多时候，女生遇到渣男，是因为缺爱，在渣男面前表现出对爱的渴望。换句话说，缺爱的人更容易遇上渣男。当你表现出极其缺爱时，加上对于恋爱的憧憬，以及对另一半的美好想象，会变成渣男抓住你的致命弱点，这就为渣男的介入开了一道口子。而你则一头扎进爱河，放松了对对方的警惕。结果当自己受伤后才发现，原来自己深爱的那个人是个渣男，甚至是个骗子。所以，女生，任何时候都不要向异性表现出自己多么缺爱，否则你真的很难遇到真爱。

3.轻易亮出底牌

虽然说两个人交往要相互坦诚，但这仅在于将自己的真实情感、人生经历等坦诚地告知对方，但并不意味着要毫无保留地暴露给对方。尤其是女生，在谈恋爱的时候，不管和谁相处，都要给自己留一些底牌，这样才能够在以后的相处过程中处变不惊。

底牌就像是人的存款一样，是你不为人所知的一部分硬实力。如果在感情中无底线地亮出了自己的全部底牌，那么你就会处于被动局面，对方可以轻易拿捏住你的心，随意践踏你的真心和付出，不会把你放在重要的位置。这也是女生“渣男体”的一个重要原因。

渣男的处事准则就是：不拒绝、不回应、不负责。他们即让你抱有幻想，又不给你肯定、明确的回答，从头到尾都没有说过对你负责，一切都显得是你自己一厢情愿。这样的男人可以称之为“甘蔗男”，起初你嚼着感觉有点甜，等到最后才发现，你满嘴里都是渣滓。面对渣男，我们最好的办法就是，早点看清楚其本质，趁着还没有嚼到最后之前，赶紧吐掉。

记住：面对渣男，要及时止损，果断离开，你才能拥有更好的爱情。

情感寄语

在恋爱的路上，渣男就像一剂毒药。很多姑娘因为渣男，生活变得苦不堪言。所以，关键是能更早察觉、更早看清楚渣男身上所表现出来的特质。其实，有时候并不是对方没有在你面前露出过蛛丝马迹，而是你太贪恋对方的甜言蜜语，最终选择了视而不见。和渣男交往，要么你就下定决心，把自己卑微到尘埃，要么你就狠下心来，绝尘离开。

试婚，并没有想得那么简单

L O V E

在恋爱初期，两个人的感情特别甜蜜，甚至还并不是十分了解就被体内的荷尔蒙影响，失去了理性，选择了闪婚。本来想要和对方长相厮守，可是当两个人走到一起后才发现，彼此之间有太多不能调和的矛盾。

有些时候，对方的一些不合自己心意的行为，让自己没有办法容忍。比如，睡觉打呼噜、不爱做家务、有酗酒的嗜好，并且酗酒后喜欢动手打人等。当这些难以接受的事情发生得越来越多的时候，你就会发现，其实两个人并不合适，对方并不是自己的最佳结婚对象。

如今，很多年轻人选择在婚前同居。婚前同居有一个新词，叫做“试婚”。这些年轻人在结束自己的学生生涯之后，就赶紧迈入社会，用自己的满腔热忱为自己的理想与未来打拼。也许是因为生活成本太高；也许是因为在一个陌生的城市里，每天除去工作时与人交流，再难以找到一个能够陪伴自己、能够倾听自己内心声音、打发寂寞无聊时间的人；也许是想要通过同居的方式相互磨合，走进对方的生活，更清楚地明白自己喜欢的这个人是否值得自己相守一生。所以，很多人在与对方谈恋爱的时候，会选择同居。

有一个女孩向我预约了电话心理疏导。这位女孩28岁，前后已经和五个男人有过同居的经历，家人对她的行为十分反对。而她在异性朋友当中也留下了很随便的印象，而她自己却觉得很委屈。她认为谈恋爱都是奔着结婚去的，结婚是一辈子的事情，是女人拿一辈子做赌注，赌注太大。如果不试婚，如何能真正了解对方？而且每次试婚，她确实都能发现对方的缺点。于是这就强化了她对于试婚很有必要的认知。但糟糕的是，在一次试婚的过程中，她未婚先孕，却遭遇了对方的分手。

可见，试婚不是简单的同居。对于试婚，我有几点忠告：

1.不要随便试婚

除非两个人已经打算结婚，想提前体验一下婚后生活，看双方是否合适，否则千万不要同居。同居一般都是由男性发起的，因为无论如何，同居对男性不会造成大的伤害，但女性就不一样了。轻则伤心，重则堕胎伤身，甚至对婚姻产生恐惧，再也不敢接触男生。有些女生认为，同居就能换来男人的承诺，等她们耗上两三年才发现，同居并不能拉近两个人之间的距离。

如果你们没有把结婚的日子定下来，就不要答应跟他同居。他越是想同居，你越是不答应，这样他反而会时时刻刻想着你，对你死心塌地。而你却可以淡然处之。这样，冒险的人是他，而不是你。你要让他明白，他唯一能让你答应同居的理由，就是向你求婚。

2.不要孕育出生命

试婚需要一个过程，在这个过程中，你要做的是充分了解对方和对方的家庭，而不是放纵自己的情欲。在充分了解对方，并得到双方长辈祝福之前，不要孕育出生命。一个女孩，只有自尊、自爱、自律，才能得到别人的尊重。否则，你可能面临自己无法想象和无法承担的后果。

我的一个“粉丝”，她与男友当时就是同居后未婚先孕。然而男友家人并不喜欢我的这位“粉丝”，认为她不自爱，伤风败俗，不是一个称职的儿媳妇。所以，不同意她和他们的儿子结婚，期间还逼着她打掉孩子。后来在她的强烈坚持下，才作罢。但条件是，只给她三千元彩礼，而且女方还需要陪送很多嫁妆。

后来，即便结婚了，这位“粉丝”依然在家中不受待见。

原本是因为爱对方才走在了一起，原本以为自己会嫁给爱情，但始料未及的是，未婚先孕破坏了她对美好爱情的所有憧憬向往。对于这位“粉丝”来讲，她的爱情就是折磨。

恋爱虽甜，但一失足却成千古恨。如果你在试婚时，发现对方并没有你想象得那样爱你，你也没有遇到好的公公和婆婆，那么千万不要孕育出生命。因为这很可能会让你未来的人生和婚姻成为一场不幸的悲剧。

情感寄语

结婚前一定要睁大双眼，结婚后可以选择睁一只眼闭一只眼。可是现在有很多人颠倒过来。在结婚前睁一只眼闭一只眼，对对方的很多毛病和缺点选择自动屏蔽，然后就走向了婚姻。婚后却睁开双眼，天天盯着别人的毛病，这样的婚姻又如何会不出问题？如何会走得长久？

别让公主病“作死”你的爱情

L O V E

提起“公主”，大家一定会在脑海中涌现出很多美好的想象：美丽、优雅、机智、聪慧、知书达理……童话故事里的每个女孩小时候都被父母宠成小公主。

现实生活中，很多父母遵循“男要穷养，女要富养”的育儿理念。于是，将自己的女儿捧在手心，对其进行无微不至的照顾与呵护。但很多父母却忽略了一件重要的事情，那就是“男要穷养，女要富养。”这句话其实是有前提的，无论父母怎么养自己的女儿，都不能养成畸形的人生观和价值观。

当然，除了从小父母培养起来的公主病，还有一些女生的公主病是通过自我培养而成的。她们是所谓的“没有公主命，却有公主病，就是心比天高，命比纸薄”的另一种表现形式。

有公主病的女生，在恋爱中，并没有像她们想象的那样，长久地享受来自男生的宠爱，相反却因为自己的公主病断送了自己的爱情。

小柯是江苏人，小迪是山东人，两人是在韩国旅游时相识的。那天晚上，小柯闲来无事在韩国的街上闲逛，没想到却迷路了。后来在问路的时候遇到了小迪，小柯发现小迪也是中国人。问完路之后，小柯准备回到住所。但他发现，小迪被人跟踪。小柯不放心，于是告知小迪后，带着小迪一路狂奔，摆脱跟踪后，小柯又将小迪送到她住的酒店。此后，两人便因为问路和英雄救美而有了接下来的爱情故事。两人留了彼此的电话，从此两人经常在微信朋友圈互动，时间久了便相恋了。

然而，在两人正式相处后，小柯却发现小迪有严重的公主病。两人在一起后，小柯每天花尽心思给小迪做饭吃，但小迪却认为小柯做得太难吃，要求每天去饭店吃，吃一顿饭就花掉200~300元。吃饭落座的时候，小迪从来都是让小柯帮自己拉椅子，自己坐下后，还必须要小柯帮自己推椅子。有时候在深夜里，小迪想要吃原本只有在早上才售卖的小笼包，并让小柯出去买。平时家里的家务都是小柯做。甚至在小柯出差期间，小迪也不会把每天换下的脏衣服放到洗衣机里洗，而是等小柯出差回来帮她洗。有一次，小柯认真跟小迪聊洗衣服做家务的问题时，小迪非常高傲地告诉小柯，自己在家的时候从来不做家务，自己走哪儿父母就跟在她身后帮她收拾。小迪还告诉小柯，自己的父母从小就告诉她以后找男朋友或者嫁人，一定要找像父母那样贴心、对自己好，什么事情都宠着自己的人……

渐渐地，小柯实在是难以忍受小迪的这种公主病，也不愿再继续当一个“公主奴”，于是毅然决然地要和小迪分手。

小迪在父母眼中是需要呵护和关爱的公主，父母对孩子的爱是无私的，是伟大的。但作为一个与她毫无血缘关系的男朋友来讲，他可以把小迪宠成公主，但没有义务去无底线地忍受小迪的公主病。

没有哪个男生天生就应该对一个女生掏心掏肺的好，也没有哪个男生天生就应当给一个女生当一辈子呼来唤去的“公主奴”。女生的公主病只会逼疯一个男生，只会逼走那个原本愿意将你宠为公主的人。

人生而平等，尤其在爱情里，两个人更是应该平等相处。男生在爱情里愿意对女生好，那是因为他爱着她。但如果女生视之为天经地义，继而表现得太“作”，有哪个男生能接受这样的女生？很多男生跟女生分手，给出的分手原因就是受够了女生的公主病，受够了女生的“作”。而可悲的是，这些女生却还没有意识到自己在犯公主病、自己在“作”的时候，样子有多可怕、多让人讨厌。那么如何判断自己是否有公主病呢？我总结了以下几种公主病的类型：

1.控制型公主病

具有控制型公主病的女生，主要体现在恋爱关系中，无时无刻的控制欲望。患有控制型公主病的女生，最喜欢做的事情，就是翻男生的手机，干预对方的社交，她们甚至还会在男友不注意的时候，不分青红皂白、未经许可地删除对方手机中她们自认为有暧昧关系的联系人。事实上，这些是对男生极为不尊重的行为。

另外，她们还喜欢没收男朋友的工资卡，控制男朋友每天的开销；不允许男朋友与任何异性说话；她们要求男朋友什么意见都听自己的，自己说东，男朋友绝对不可以往西；她们喜欢对对方呼来唤去，将对方对自己的关心、对自己的好当作理所当然的事情。如果男朋友哪一点没做到或者没做好，她们一定会不依不饶，闹得不可开交。

如果男朋友稍微和她商量一下，“亲爱的，你看我们要不要……”话还没说完，她便硬生生地打断，抛出两个字“不行”来反驳。并会加一句：“你不是说我是你的小公主吗？难道不是什么都应该我说了算吗？”

一天，一位“粉丝”给我发私信，抱怨自己被分手了：我不就是在他睡着的时候多看了几眼他的手机吗？不就是查了下他的岗，没收了他的工资吗？不都是因为我爱他，太在意他吗？他为什么就不能理解呢？反而还要和我分手。

事实上，这位姑娘所做的一切，体现的并不是对男朋友的爱，而是对男朋友的一种强烈的控制欲。每个人都是有底线的，从表面上看，她是想找一个男朋友，但从本质上看，她是想找一个好控制又听话的木偶。

这种类型女生，往往像一个永远长不大的巨婴。虽然她们的年龄在一天天增长，但她们的心智却依然没有成熟。她们总是认为，自己天生就应该从父母、从别人身上索取，一旦别人难以满足她的需求，就会撒泼、哭闹。但这样做的结局只有一个：把男朋友逼走，给自己换来痛苦和悲伤。

这种类型的女生如何改变自己，留住自己的爱情呢?

要想留住那个曾经愿意把你宠成公主的人，就要治好自己的公主病。

（1）少一些控制欲

给对方更多的空间和自由，让对方感觉和你相处有足够的平等地位。

（2）少索取，多给予

相恋的两个人，只有相互付出，相互给予，才能让爱得以平衡，才能让爱情更加持久。

2.依赖型公主病

患有依赖型公主病的人，往往表现出极差的自理能力。她们往往很娇气，手不能拿肩不能扛。任何事情都需要别人来做，而自己只做那个享受主义者；她们往往对男朋友的要求很高，既要求男朋友做自己的人生导师，又想要男朋友赚更多的钱，在别人面前给自己足够的体面；即想要男朋友能下厨做家务，又要逛街拎包任劳任怨；既要对方做自己的男朋友，还需要对方像自己的父母一样把自己捧在手心。一旦远离男朋友，就会感到被抛弃。所以，他们往往表现出强烈的占有欲，要求对方无时无刻关注自己，绝对不能容忍丝毫忽视和冷遇。

这种类型的人，主要是小时候受到父母的溺爱而导致的。以至于即便走向社会也依旧带着强烈的依赖心理。但是当你步入社会的那一刻起，就应当明白，你在家中要求父母给予你的那一套来要求别人，是一定会失效的。

这种类型的女生如何改变自己，留住心仪的男生呢？方法如下：

（1）人格独立

有公主病的女生，体现的是一种不成熟、不独立的人格障碍，她们无论在工作、生活，还是恋爱当中，都过度以自我为中心。要想与他人关系融洽，要想让别人喜欢，就要让自己人格独立。只有自己独立起来，才能不会事事依赖别人。

（2）尝试被对方依赖

试着接受和适应生活关系中的不同角色，做一个好的恋人、好的同事、好的朋友，要从尝试被对方依赖开始。

3.爱作型公主病

患有爱作型公主病的人，往往脾气很大，说话声音也很大；她们十分矫情，喜欢给男朋友提出很多过分的要求，还喜欢趾高气扬地跟男朋友说话，表现得十分不屑；她们往往把无理取闹当作撒娇；她们往往内心十分自信，认为男朋友配不上自己，所以把男朋友对自己的好，当作对自己的取悦和讨好。殊不知，这样的行为和心态，正在一点点消耗掉男朋友的尊严和他对自己的喜欢。

这类女生如何改变自己，赢得爱情呢？我认为最好的方法是“作”得恰到好处！

在男生的情感世界里，太“作”的女生会把自己逼疯，不“作”的女生让自己感受不到爱，只有会“作”的女生，才能让自己感觉到被需求，感受到自己的存在。

曾经有一个“粉丝”，他在微信里抱怨：以前的女友很“作”，让自己难以忍受，所以狠心分手了。后来找了一个不“作”的女朋友，却对那个很“作”的女生念念不忘。

问及那个很“作”的女生有多“作”，他的回答是：各种节日、纪念日都要过，只要一次忘记，就会说男生不在乎她，就要闹分手；每次出去吃饭、看电影，都让男生陪，如果加班忙去不了，就会说男生不重视她；每次单位聚餐，她就会电话、视频来查证是否和其他女生在一起。

问及那个不“作”的女生，分手的原因，他的回答是：虽然不“作”，做任何事情都很独立，但总是觉得自己在她的生活里似乎可有可无，感觉不到她对自己的需要。

水满则溢，水缺则涸。所以，女生，可以“作”，但不能太“作”，要掌握一个度。大“作”伤身，“作”得过度，就成了“作死”，必然会触及男人的底线。一旦强攻男人的底线，爱情自然也随之瓦解。小“作”怡情，会“作”的女生往往既能满足男生的需求心理，又能恰到好处地引导男生满足自己的需求点。

女生一定要会“作”，摸清男生的需求点，迎合自己的需求点，对症下药，才能让每一次“作”，变成两人情感升温的加速器。

情感寄语

许多女生都有想要成为公主的愿望，因为这种感觉实在是太美了。但假如你真的要做公主，那么你身边的人要么是“王子”，要么是“奴仆”。人要生活在现实中，在现实中，这样的人际关系中存在着不公平、不平等，因此两个人的爱情会因为这种关系而被“作死”。聪明的女人活在男人心里，而不是活在男人的掌心里。只有会“作”的女生，才是“作商”高的女生；能“作”到男生心坎里的女生，才更受男生的青睐。

父母反对的恋爱是坚持还是放弃

L O V E

很多人苦于一波三折却找不到属于自己的真爱，但也有很多人找到了真爱，她们的爱情本来十分顺利，却因为遭到了来自家长的阻力而苦恼万分。

很多女生可能会碰到父母反对的爱情，也会听到各种各样反对的理由，比如：他太矮了，以后生了孩子随他怎么办？他家里太远了，我们不放心你去那么远的地方，你被欺负了怎么办？他学历没你高，以后怎么教育孩子，孩子没有学习基因怎么办？他家里还有个弟弟，有弟弟的男孩不能嫁，以后会有很多家庭负担；他家庭条件不好，你嫁给他以后日子过得会很苦……

父母反对的理由可能千差万别，但其实原因无非就五种：

1.门不当户不对

很多女孩的父母，都希望自己的女儿能够嫁一个门当户对的人家。这样，女儿的生活就可以更加安逸，而不是为生活奔波劳碌。如果对方没车、没房，家境又不好，女儿会吃很多苦。

2.离得太远

很多女生都是独生女，父母舍不得唯一的孩子远嫁。他们担心女儿远嫁会吃亏，受到欺负时无人撑腰，也担心自己老了以后女儿不在身边，晚年凄凉。

3.身高长相

身高和长相往往是一个人的形象，如果身高和长相不能与自己的女儿匹配，父母会认为男方配不上自己的女儿。

4.不靠谱

有的女生谈的是姐弟恋，对于这样的状况，女方的家长是坚决反对的。认为女儿嫁给比自己小的男人，不成熟，不靠谱，又要照顾对方，会被生活所累。

5.八字不合

有些父母比较迷信，他们在婚姻问题上非常看重生辰八字。如果八字不合或者生肖相冲，会认为即便两个人各方面都合适，婚姻也难以走到最后。

面对父母这些反对的理由，有的人因为遭遇了太大的阻力和压力，最终不得不忍痛放手。但也有的人没有就此放弃，反而不屈不挠，最终争取到了属于自己的幸福。有的人为了捍卫自己的爱情，与父母争吵、冷战，甚至反目成仇。当然也有的人，因为父母妥协而最终走在一起。

小丁和男友自由恋爱很多年，到谈婚论嫁的时候，父母嫌男友长得个子太矮、太瘦小，个性太沉静，明确投了反对票。然而小丁也做过很多努力，想要说服父母，但每次都以失败告终。后来，小丁看到了父母的坚定和决绝，就和父母撂下了一句话，她说："我无法想象以后的日子没有他，我也不能接受以后陪在他身边的那个人不是我。"于是，小丁跟父母打起了持久战，从之前的一个星期回家一次，变为一个月回家一次，再后来基本上就不回家了。

就这样坚持了一年以后，小丁的父母被她的坚持所打败。明白自己女儿的心意不可转，便接纳了她的男朋友。慢慢地，小丁的父母发现他的男朋友身上有很多优点。后来，他们结婚了，并且生活得非常幸福。有一天晚上，他们一家人在饭桌上愉快地聊着天，从来不喝酒的小丁居然大口喝起了红酒。最后，小丁喝得有些醉了，她激动地握起男朋友的手说："亲爱的，你看吧，其实我们能做到的，对吧？我们光明正大地在一起了，光明正大地可以在一起一辈子不分开了。”

小丁在父母反对时，选择了以对抗的方式来坚持。其实，在这场父母与孩子的战争中，胜利的大多数是孩子。毕竟，天底下没有哪个父母，忍心看到自己辛苦养大的孩子与自己决裂。

而对于女孩来讲，为了坚贞的爱情与生自己、养自己的父母决裂，大可不必。面对父母反对的爱情，果断放手或顽固坚持，都不是明智的选择。不要忙于做决定，要冷静下来，考虑好未来再做打算。我们应当将心比心，在理解父母的基础上，认真审视自己的感情，认真思考父母反对的原因。

第一，在与谁在一起的问题上，最终的决定权在你手中。但你首先要认真审视自己的感情，明确彼此相爱的心意是否足够的坚定。无论哪一方出现动摇，你们的情感都难以继续下去，而且没有继续下去的意义。如果对方跟你一样心如磐石，坚不可摧，那么你需要为你的爱情做最大限度的争取。

第二，在是否要听从父母的问题上，你要认真思考父母反对的原因。对于父母来讲，他们之所以在你的感情上增加阻力，是因为：

一方面，你是他们的孩子。虽然你已经成年，但在他们眼中，你无论何时都是他们唯一想要保护的对象。他们一心想着让你嫁给他们认为合适的人，过幸福的生活。他们只是想让你婚后衣食无忧、平安喜乐。

另一方面，他们与你是两代人，在婚姻观念上有差异。父母和你的出发点不同，对爱的理解也有所不同。在父母的婚姻观里，没有物质基础的婚姻，就是糟糕的婚姻，是不幸福的婚姻，必须快刀斩乱麻，终结这所谓的爱情。当然，他们认为，婚姻基石除了需要经济基础，还需要人品的浇筑。这是他们作为过来人，生活给他们的感触。而我们眼中，爱情就是一张爱网上只粘着我和你；是即便吵吵闹闹，依然相依相偎。

其实，无论如何，父母的出发点是好的。所以，不要着急否定父母，虚心听取他们的建议，这也是对自己的幸福负责。

在认真思考明白这些之后，面对父母的反对，我们需要做的就是坐下来与父母进行心与心之间的交流。

1.让父母知道男方的好

父母与男方接触的机会和时间很少，所以很多时候父母对你的男朋友并没有更加全面深入的了解。要想说服父母同意，就要让父母知道男朋友的好。而要让父母知道男朋友对你的好就要经常创造一起见面的机会，父母与男友接触多了，自然会观察和洞悉到对方的人品和对你的真情。

2.尽最大的努力达到父母的要求

父母无论提出何种要求，都是在为你争取更多、更好的条件。所以，不要怨恨、指责父母太过苛刻。同时，你要让男友也明白这个道理：现在的苦是为了将来的甜，让男友有更多努力的动力。在力所能及的情况下，尽最大的努力达到父母的要求。

女孩落落，之前因为爱情和自己的父母闹得不可开交，她的爸妈给男友设定了几乎不可能完成的条条框框。比如，两个人两年内在广州全款买一套三室一厅的房子，如果不行就分手。男方的家境很一般，这样的要求对于男方来讲，过于苛刻，且不可能完成。落落得知父母这样的要求都急哭了。于是打电话向我诉说自己的苦恼，寻求解决办法。

“你确定你们是真心相爱吗？”我问道。落落十分肯定他与男友之间的感情。“如果是，我觉得你们需要用自己的实际行动来争取你们想要的幸福。”在我的开导下，落落的男朋友站了出来，非常坚定地表达了自己对落落的爱，并且希望落落的父母可以给他两年的时间。

可能有很多年轻男生听到女孩子的父母提出这样的要求，就已经望而却步了。然而，这个男生却在女孩父母的多次刁难下，并没有退缩。相反，他不但没有抱怨、没有放弃，反而内心中对于女孩父母这样的态度十分理解。于是，他一边宽慰落落，一边为了两人的未来更加努力奋斗。

后来，两年过去了，男方在广州买了一套三室一厅的房子，虽然是按揭的，但贷款都是男方自己一个人在还。他虽然没有完成落落父母给他定的目标，但落落的父母很欣慰，因为看到了男孩子的努力。

之后，他们就要步入婚姻的殿堂了，落落在通话的最后，说她的妈妈跟她说了一句话，让人感触颇深："我知道你们觉得我们不近人情，但是没有人比我更关心我女儿的幸福；我也知道，我们提的要求他无法完成，但是如果他连试一下都不敢，我又怎么敢把你的幸福交给他。我是过来人，凡是能被吓跑的人，都欠点火候。"

其实，更多的时候，我们的父母看重的是真心真意，他们拿大山一样的条件压我们，是希望能够在反对的浪潮里，能够看到像山一样坚定不移守护你的人。如果他连为争取幸福而努力的勇气都没有，那么他就没有资格做一个合格的伴侣。真正的爱情，从来不会落跑；真正的责任，是与你并肩战斗。最怕的是拎不清，把男朋友的借口当深情，把父母的反对当敌意。错看一个人真的很可怕，真正爱你的人，他至少愿意为你做一次努力。所以，父母反对的爱情，重点不在于父母的反对，而在于你真的透过他们苛刻的要求，看到了他那颗真心。真爱，不是用嘴说，而是用行动来证明。

情感寄语

可怜天下父母心。无论任何时候，父母总是在为自己的孩子考虑，总是希望给孩子最好的，希望孩子得到最好的。在父母反对恋爱这件事上，聪明的女人不会把父母的反对当作情感路上的阻碍，更不会把父母当作仇敌，而是把反对当作参考意见。父母不看好的恋爱，我们更需要花时间去考究、去发现。美好的爱情没有千篇一律的模样，是需要在经历的过程中，边走边学会爱的方式，找到那个真正爱自己的人。

为何倾囊相投，却无法套牢爱情

L O V E

我们在生活中可能会有这样的经历，有时候我们对别人无论有多好，都得不到别人的回应，甚至对方对我们的付出从不领情，或者还会嫌我们烦。我一直认为，人与人相处，就像是一把天秤一样，需要彼此付出，这个天秤才会保持平衡。

爱情的世界里，这种平衡就显得更加重要。如果一方默默地付出，甚至倾囊相投，而另一方却对此视而不见。那么只能让爱情的天秤越来越倾斜，这样的爱情是十分不健康的爱情，是无法套牢的。

我的“粉丝”小柯，是一个性子执拗的人。他对待爱情的态度，可以说是倾囊相授的付出。在他眼里，小曼能够满足他所有对美好爱情的憧憬，就连小曼指甲油掉得七零八落的指甲，在他看来都是那么的可爱。

为了能够让小曼做自己的女朋友，小柯凡事都以小曼为重，什么事情都为小曼考虑，只要是小曼需要的，或者有可能需要的地方，小柯都能替她想到，甚至为她做好。

小曼说有一家炸鸡店生意很火，炸鸡非常好吃。小柯就毫不犹豫地要来地址，跑过去排很长的队伍为小曼买回来。小曼单位需要加班，小柯又送宵夜，又送饮料地伺候着，不管多晚，小柯都会等到小曼下班为止，并送小曼回家。

可是小柯每次想看电影，想让小曼和他一起去，小曼总是说自己很忙，没空。后来小柯从小曼闺蜜那里得知，其实小曼不是在家里追剧，就是在网购，或者逛商场。

小柯在一家公司做职员，工资虽然不高，但花在小曼身上，他从来都不吝啬。小曼生日，他把所有的钱拿出来，凑了1000元，给小曼买了一条心形项链，生日当天送给了小曼。小柯本想趁着小曼过生日，向小曼正式表白，让小曼做自己的女朋友，没想到小曼拿到礼物，当时没有打开看，也没有等小柯表白，便说自己有事，急匆匆地走了。回到合租屋后，小曼将项链放在床上，被与她合租的闺蜜看到。闺蜜打开后，说这条项链很漂亮。小曼看了一眼项链，觉得心形项链好土，一点都不时尚。她觉得既然闺蜜喜欢，就把项链送给了闺蜜。

下次见面时，小柯问小曼喜不喜欢那条项链，没想到，小曼随口就说：“一般吧，我把项链送给闺蜜了。”小柯一下急了，“我省吃俭用攒了两个月的钱，就为你精心挑选这个项链，我就想让你知道，我把我对你的一颗真心送给你，你却把他转手送给了别人。”

这一次，小柯真的伤心了，他对小曼的付出，小曼从来都是觉得理所应当，却得不到任何回应。这次，小柯对小曼彻底失望了，他觉得他就是小曼的跟班和保姆，小曼从来都不会高看他一眼。他说：“你真的很好，可是我太累了。我们就此一拍两散，各自安好吧！”小曼一听这样的话，感觉没有小柯这样不顾一切地追求自己，自己头顶上高傲的光环一下子黯淡了。所以她不愿意和小柯结束这种并不明朗的关系，不让小柯离开她。小柯一心软，以为自己还有机会。但他的内心十分矛盾：是果断离开，还是继续做小曼的跟班？他有些迟疑了。所以，找我帮他指点迷津。

其实，从小柯的言行举止，能看出他的确十分喜欢小曼，对小曼也的确很上心。但感情不像工作，努力地付出，就能收获等价的回报。这种想法，在感情世界里，是完全不成立的。像小柯这样付出却没有回报的例子，现实中比比皆是。盲目和过度付出，是一种吃力不讨好的行为。

我认为，小柯的盲目付出，与小曼的态度，说明两件事情：

1.盲目付出，对方不是真心需要

当你盲目为对方付出时，甚至可以把自己的心都掏出来给对方时，表面上看，你对对方的爱很深刻。但事实上，这种爱的表达方式，是你自我感觉良好的一种表现。当你没有得到回应时，有没有想过对方是否需要你的付出？是否在乎你的付出？当你死心塌地地追求对方，极力讨好对方时，对方只是把你对她的好，当做是自己满足私欲，或者在别人面前炫耀的工具。因为，她有你倾囊相投的付出，别人却没有。

2.没有回应的爱，伤害的是自己

你对对方爱得死去活来，爱得义无反顾，爱得倾其所有，却得不到对方一点回应。这样的爱，只能叫做单相思。真正的爱情，是两个人的事情，而不是一个人默默相守、默默付出，另一个人却从未正眼瞧过。很多时候，不肯放手，是因为你不敢面对事实。明明知道自己付出再多，对方也不会喜欢上自己，可是你总是控制不住去对他好，总是把一如既往的付出，当做一种习惯。对于付出者来讲，没有结果的付出，没有结果的爱，到头来只能是一场空，以及永无止境的伤害。与其这样吃力不讨好，为何不赶紧放弃，及时止损?

情感寄语

爱情不是做生意，不是付出就一定有回报。所以，当你不断付出，却得不到一丝回应时，一定要停下来思考：你的付出是否值得？对方是否真的爱你？是不是自己的观念需要改变了？

婚姻篇
余生都是你

Hun Yin Pian

第三章

做出爱情的终极抉择

Di San Zhang

婚姻是人一生中最重要的决定。有的人选择结婚，是因为年纪到了；有的人选择结婚，是因为责任。结婚是我们一生中最重要的决定。但无论出于什么原因，我们决定结婚前，都要慎重对待。

什么样的人，值得托付终身

L O V E

俗话说："男怕入错行，女怕嫁错郎"。结婚是一辈子的事情，选对了幸福一生，选错了痛苦一生。很多准备结婚的女生，会在婚前问我这样的问题：什么样的人最适合作为自己的结婚对象？什么样的人值得自己托付终身？

很多女生认为，找个对自己好的，才值得托付终身。因此，很多女生将择偶标准定位于以下四点：

1.愿意为自己倾囊付出的人

有的男人口口声声说"我爱你"，却对你十分吝啬。一个对你吝啬的男人只能说明：第一，他并不爱你，或者对你不够爱，这一点，在大多数情况下是可以肯定的；第二，说明他自己混得不是很好，在恋爱的时候，女人未必会知道男人真实的经济状况，但如果他对你表现出吝啬，或许有这方面的原因；第三，一个男人吝啬到把金钱看得很重，对待感情都不肯投资，那么他的格局就很小，这样的人，一般也不会有什么大志向。

但如果有个男人，虽然自己拥有的并不是很多，但为了你，却能够“兜兜有星辰，愿为你倾囊”。遇见这样的人，女生要懂得珍惜。

2.总想把最好的给你的人

一个人，如果生活中处处不想让你受委屈，总是要把最好的东西给你，认为只有最好的东西才能配得上你。为了让你过得更好，他宁愿自己受苦受累、加班加点，甚至努力去学习新技能。这样的男人，心里满满的都是你，他为你做出的任何行动，都在向你传递着“我爱你”。

3.第一时间给予你帮助的人

有的男人，在女生生病的时候，总是告诉她多喝水；在天气变凉的时候，让女生多穿衣服。但说得好，永远不如做得好。看一个男人爱不爱你，从来不是看他嘴里说了什么，而是看他为你做了什么。给女生倒一杯热水，披一件衣服，往往更容易让女生感到温暖。那些在女生有需要的时候，总是能第一时间给予女生帮助的人，才是对自己真正好的人。

4.宠你的人

有的女生认为，一个人把你当小朋友来宠，舍不得你做任何事情，怕你受累，恨不得把你放在口袋里每时每刻都带着，这样的人是真正爱自己的人。

但以我多年来做情感主播的经验，以上这些不应该是择偶标准的全部。选择一个人，对你好是最基本的，也是他应该做的，否则对你不好，为什么还要在一起相互折磨呢？何况人是会变的，你能保证他对你的好，永远都是你想要的吗？所以，仅仅选择“对我好”是远远不够的。在我看来，一个值得托付终身的人，除了对你好之外，还应当从对方的品性去判断。以下是我给的几点建议：

1.正直善良的人

正直善良的人，不容易变，做事有底线。

女人会认为，男人对自己越忠诚，对自己爱得越深。在她们眼里，对自己忠诚的男人，无论甜蜜的恋爱期，还是平淡的婚后生活，会把他们的身心完全交给女人，把女人当做生命中无可替代的唯一，此生不相负。

2.有责任、有担当的人

一个男人，可以家庭不富有、可以长相不出众，但最不可缺少的就是责任和担当。如果一个男人，遇到任何坎坷和困难，都向后退，把女人推到风口浪尖。这样的男人，遇事不能勇敢挺身而出，不能给女生任何安全感，是典型的没责任感、没担当的男人，应当果断排除。勇于担当的人，有责任心，遇事有解决问题的能力。

3.心态成熟的人

在婚后，夫妻双方发生磕磕绊绊是常有的事。但无论争吵得多么激烈，如果没有人主动站出来修复两人的关系，那么婚姻关系会因为争吵而逐渐疏远。心态成熟的人，能在争吵后主动找你沟通缓和两个人的关系。这样的婚姻关系才会维持得更加长久，婚姻才不容易轻易破裂。

4.有同理心的人

相较于那些凡事只会从自身角度出发的人，有同理心的男人，往往更懂爱，更能在意你的感受。跟这样的男人相处，往往会让人感觉很舒服。

5.有进取心的人

一个人，现在虽然混得不好，但一直在努力，并且在对的方向上矢志不渝，败不馁，胜不骄，这样的男人，一定有前途。这样的男人才靠谱。与其费一百次努力去改变一个不靠谱的男人，还不如花功夫找一个靠谱的男人。

以上是我认为的最佳择偶标准，但一定要记住一个原则：

就是看清这个人的品性最低处。什么是品性最低处？即一个人的人品和素质最糟糕的样子。一个人，值不值得托付终身，不是看他对你好的时候有多好，而是看他最坏的时候对你有多坏。

有一个“粉丝”，在与我聊天时，曾向我讲述了她自己的经历：

小雪是一个天生丽质的姑娘，从大学到工作，总是受到许多男生追求。但她最后还是选择了前男友，原因是她觉得他很老实，经济条件好，对自己也好。相恋三年后的一天，小雪因为工作调迁，与同事一起吃饭。吃过饭后，突下大雨，大家都各自散去，最后只有小雪和一位男同事等人来接。不一会儿，小雪的男朋友来了，看到二人，直接便问：“这是谁啊？”小雪和男友如实解释，但男友并不相信：“要不是我撞见，你们不知道会做出什么事情！”这让旁边的同事十分尴尬。

结果回到家后，男友就把小雪打了一顿。事后，小雪要跟他分手，但男友跪在地上哀求：“我是一时昏了头，以后再也不会了。”小雪原谅了他。但后来，小雪就后悔了。自己甚至到哪里买菜都需要向前男友报备；与门岗打个招呼，他都会吃醋；跟同事谈工作方面的事情，前男友都会疑神疑鬼，被审问一番……小雪感觉自己每天过得实在是太痛苦了，对前男友这种糟糕的品性实在是无法忍受，所以她果断选择了分手。

小雪看清楚了对方的最低处，所以小雪的选择是十分明智的。你能不能跟一个人结婚，值不值得与其相守一生，不是看一个人的最高处，而是要看到他的最低处，看你能不能忍得下去对方的最低处。这也是你择偶时的一个重要的考量标准。

情感寄语

对每个人来说，结婚开启了新的人生，是一件需要认真对待的事情。不论男生还是女生，当你找到一个真正值得嫁或值得娶的人，你会一辈子快乐和幸福。如果你还没有遇到对的人，切勿草率结婚，不妨再等等。

婚姻选择合适还是爱

LOVE

婚姻选择，其实就是人生的一道关口。向左一步是幸福，向右一步是痛苦。你做了什么样的选择，将决定你未来过什么样的生活。

对于选择和谁结婚的问题，很多人在“和相爱的人结婚”与“和合适的人结婚”这个问题上难以做出抉择。在这个问题上，不同的选择，会有不同的结局。

有个“粉丝”叫陈思思，她与男友是大学时候的同学，从大一就开始相恋。毕业后陈思思每天工作很辛苦，还经常加班。父母得知陈思思在外面奋斗，很辛苦，十分心疼，三番五次催陈思思回老家工作和生活。而男友因为找工作失败就心生挫败感，直接堕落到每天躺在沙发上打游戏，从此不问世事的地步。因此，陈思思一个人努力赚钱，还得养着终日无所事事的男友。她本来打算毕业后与男友共同奋斗，打造属于两人的幸福生活。可是现实却给了自己一记耳光，让自己变得十分清醒。这让陈思思觉得这个地方没有什么值得自己留恋的，也没有什么让自己留下来的理由。最终，她与男友提出分手，并且辞掉了工作，回老家了。

回到家后，父母就给她安排了相亲，对方有车子、有房子、脾气好、品性好、上进心强、厨艺也不错，的确很适合结婚。而前男友经常给陈思思打电话，承认自己的错误，并表示今后要努力工作和生活，请求陈思思的原谅。陈思思不知如何是好。所以她找我，让我给她指点情感困惑。

我能体会到陈思思内心的矛盾，一边心里还爱着前男友，前男友的话，让她心软了；一边是父母之意，实在难违。所以，我问她："我想你对你的前男友应该是很了解的，你能保证你前男友有改过自新之意，也会付之以行动吗？""他是一个比较懒散、喜欢随性的人，不能确定是否真的能改。"我说道："一个人的品性是很难在短时间内改变的，既然你对他的改变没有把握，就不如分得彻底一点。人总是要向前看，婚姻就是过日子，合适的才是最好的。"

后来，陈思思选择了各方面都合适的人嫁了。出嫁时，她有些犹豫，怕爱得不够，怕委屈了自己。但是婚后，她发现，不管是性格还是为人处世，两个人都极为合拍。而且做任何事情，老公都极有耐心，把自己当成宝贝对待，这让她越发觉得，当初的选择是对的。

不是所有的爱情，最终都能升华为婚姻，也不是每一段爱情都能造就幸福的婚姻。很多人依然爱着对方，但最终还是没有走到一起，其实，有的时候，两个相爱的人最后分开了，并不是不爱了，只是因为其中一方在思考婚姻的时候，发现对方并不合适。

与婚姻不同，恋爱中更多的是怦然心动、风花雪月。而婚姻中，更多的是柴米油盐的琐碎，需要的是思想深处的价值观乃至各项条件的匹配。最牢靠的婚姻关系，不是怦然心动、不是风花雪月，而是最合适的人。

这也正是为什么现实生活中，女人们总是想在最好的年龄嫁给最爱的人，但很多时候，事实却恰恰相反的原因。所以，女人们总是渴望爱情，但最后却在最适合结婚的年龄，嫁给了最适合结婚的那个人。

什么是真正合适的人？真正的适合，就是在双方的亲密关系中，首先能够相互坦诚地沟通任何事情；其次，两人要有趋同的理念和价值观；再次，要能接受彼此的为人处世风格；最后，虽然对对方谈不上喜欢，但也不讨厌。

当然，如果你能够找到一个彼此相爱又合适的人，基于此的婚姻，是最理想的婚姻。但这样的婚姻，可遇不可求，一定要好好抓住。

情感寄语

婚姻，其实是两个人的一种约定，包括情感、责任、金钱、品性、人际等诸多方面。那些能够白头偕老的人，大多是因为他们知道：婚姻是一个约定，感情只是其中的一部分，更多的是要在合适的婚姻里，慢慢发掘对方的好，细水长流的温情，最终也会转化为爱情，让余生越来越暖，越来越幸福。

面对挚爱，恐婚族该如何突围

L O V E

没有爱情的人，急切渴望得到爱情。但当真正到了适婚的年龄，面临结婚问题的时候，很多人却开始退缩。这类人就是典型的恐婚族。

我认为，绝大多数恐婚的人，他们恐婚的原因无非是以下几种：

1.害怕婚后爱情变质

身边很多人的婚姻经历表明，婚前，双方对彼此满是爱意，但婚后，这种爱意逐渐转变为亲情。甚至有的人在婚后，不但得不到爱，还会离婚，沦为相恨的“仇人”。两个原本彼此相爱的人，走到这样的境地，是让人无法想象和接受的。因此，他们担心这种悲剧的出现，而害怕结婚。

2.害怕再次受到伤害

有的人，可能之前轰轰烈烈地爱过，但也伤心欲绝过。所以，当再次谈及婚姻的时候，他们心中有一种抵触情绪，不想让自己再次受到伤害。

3.害怕承担相应的责任

对于那些习惯了单身生活、习惯了享受恋爱感觉的人来讲，走进婚姻无疑是给自己建造了一堵围墙。在这堵围墙里，与恋爱关系相比，制度性更加明显，需要承担的责任更多，如家庭经济责任、抚养孩子的责任、赡养父母的责任等。所以，他们在面对诸多责任的时候就会恐慌和害怕。

4.害怕丧失绝对的自主

没有结婚的人，可以随心所欲做自己喜欢的事情。但结婚后，做任何事情都需要考虑对方的感受，需要和对方商量。这让他们觉得，生活失去了自我随性的感觉。这也不是他们想要的。

5.害怕婚后处理不好人际关系

恋爱是两个人的事情，但婚姻是两个家庭的事情。很多人会恐惧，自己在婚后会不会和对方的父母相处融洽；会不会因为育儿观念，与对方的父母产生矛盾等问题，这些人际关系的处理会使得有些人恐婚。

6.害怕面对未知的一切

人们常说：最坏的情况，不是一个糟糕的结果，而是不知道结果。有的人，习惯了安逸的生活。但结婚后，会面临很多之前从未经历过的事情，这往往会让毫无准备的人感到猝不及防，不知如何把控。所以，面对婚后未知的一切，他们会有很多不确定感，会因此而产生回避的态度。这样就不用面对可能发生的未知事情。

我觉得，无论出于哪种原因，恐婚其实是一种心理障碍。内心的害怕，使得一个人即便面对挚爱，也不敢向婚姻迈出一步。

那么恐婚族该如何突围呢？

1.明确自己真正恐惧的是什么

一个人，害怕结婚，总会有一个害怕的原因。你要找到你所恐惧的究竟是什么，这样才能“对症下药”。

2.思考你想要的婚姻是什么样子

每个人都对婚姻充满了美好的向往，那么在你的眼中，什么样的婚姻才是你想要的。

3.建立合理的心理预期

对于婚姻，要建立正确的认知：对婚姻生活不能要求过于完美。生活本身就是由琐碎的碎片拼接而成，所以不要过于苛求完美。两个人之间的关系不可能完美到一点分歧都没有。所以要建立起正确、合理的心理预期，提升心理弹性，让自己的内心变得强大起来。

4.养成善于沟通、勤于沟通的好习惯

这个世界上，没有任何事情是沟通不了的。即便两个人在婚后，可能在思想上会存在诸多差异，并因此而引发矛盾。但只要善于沟通、勤于沟通，这些矛盾终将可以化解。

能做好这些，相信你的婚姻不会像你想象的那么糟糕。对于恐婚的人来讲，一定要用一颗平常心看待婚姻，不要因为别人的看法左右自己的认知。

情感寄语

一个人之所以恐婚，是因为你认为的婚姻就是你感到恐惧的样子。不要因为身边人或者自己的经历，放大婚后不幸的阴影。好的婚姻，没有所谓的标准，而在于你如何去经营。

理性面对婚前杀价

L O V E

结婚本身是一件让人感觉幸福的事情，但很多时候并没有像大多数人想象的那么美好。很多人在结婚前，遇到“杀价”的情况，让原本期待的美好，毁之一炬。

面对婚前杀价，很多人问我该如何抉择和应对。那么什么是婚前杀价？婚前杀价，是指在婚恋关系上升为婚姻关系前，男方本来有实力履行承诺，却刻意不履行对女方曾经承诺的条件，降低给女方承诺的条件。

之前，有个“粉丝”向我讲述了她的婚前杀价经历：

女孩与男友是经人介绍认识并相恋的。一年后，女孩意外怀孕，于是两人将结婚提上日程。当谈及彩礼问题时，女孩要求按照当地的风俗，给15万元，加一套婚房。但男方的父母却不乐意，说大儿子下面还有一个小儿子，还得为小儿子以后结婚的彩礼考虑，所以坚决不同意给15万元。其实，男方的家庭条件还是不错的，但女孩想着男孩的父母也不容易，就和自己父母商量。女孩的父母，为了女孩的幸福，只好后退一步，但要求不能少于12万元。男方的父母这才同意。

结果，在订婚当天，男方的母亲认为，女孩与自己的儿子已经生米煮成了熟饭，就提出只能给女方5万元的彩礼。女孩的妈妈听了十分生气，当时就带着女孩离开，并对女儿说了这样一段话："一而再再而三的杀价，认为你怀孕就没有价值，现在就把孩子打掉。一个两手空空的人却讲着'我爱你'，这不就是无赖吗？"说完就带着女孩离开了。

之后，女孩不知道自己该怎么办。被杀价，自己还该不该嫁？孩子该不该打掉？如果打掉孩子，以后是否还有人愿意娶自己？于是，她找到了我，让我给她支招。

这样的事情，对于想要追求爱情的人来说，实在是太扎心了。我认为，之所以出现这样的问题，原因有三点：

原因一：男友不够爱你

女孩的男友，对于家长的两次杀价，并没有站出来，而是选择对家长的做法表示默认。这说明，男友并不够爱女孩，甚至说明对女孩根本就不是爱。

原因二：未婚先孕

正是因为女孩未婚先孕，才使得对方看不起她，认为生米已经煮成熟饭，给这么多的彩礼，是不值得的。

原因三：女孩不懂坚持，不懂争取

当你出于好心和善意后退一步时，别人却将你的善良，当做一种可以随意拿捏和得寸进尺的筹码。所以就给了对方杀价的机会，也给了他们一而再再而三杀价的底气。如果你不懂得坚持、不懂得争取，只能让自己处在一个相当被动的位置。

那么，面对婚前杀价，女孩究竟该如何应对呢？

1.判断男友是否对你是真爱

女孩子，结婚前一定要想清楚，你们到底是否合适，对方到底够不够爱你。你的男友在这件事情上是什么态度，会不会站在你的立场上考虑问题？男友的态度和立场就能反映出他到底爱不爱你。如果男友唯唯诺诺，或者和自己的父母站在同一立场上，那么你又何必一直错下去呢？

2.不要因为未婚先孕就低人一等

我希望每个女生都能明白：你所有的悲剧，都是由于你自身的价值观和思考问题的逻辑方式出现错误而造成的。事实上，无论你是否怀孕、是否终止怀孕，你的价值还在那里。如果你认为自己怀孕或终止怀孕，就变得一文不值、低人一等，那你一定会成为那样的人。如果你为了孩子和那个认为不值得娶你的人结婚，就等于要为孩子忍受一辈子，甚至可能一辈子都无法获取幸福。

其实，婚前男女双方为了彩礼而商谈，这是很正常的事情。我们每个人都有一定的心理预期，同时也有在婚前争取合适条件的权利。如果遇到一个见识不足、不爱你的人，在超出他认知范围的事情时，无论你提出什么条件他都会觉得是不合理的。而一个真正有远见、真正爱你的人，能够看清事物本身的价值，清楚自己该怎么作出选择。

所以，看一个人的价值，因人而异。在真心喜欢你的人看来，你的不懂人情世故，在他眼中却是善良、纯真；你的“傻”，在他眼中却是勤劳、踏实；你的土气，在他眼中却是朴实无华；你的善解人意，在他眼中却是温柔、亲切……这些都在对的人眼里是无价的。因此，我劝告那些未婚先孕的女生不要因为怀孕就自降身价，一个真心爱你的人会看到你的价值，会全心全意爱你并愿意娶你。

3.该坚持的，绝不妥协

婚姻是两个人的事情，怀孕也是需要两个人共同承担的责任。决不能因为怀孕，就让对方看低自己。所以，在对方完全有实力、有条件的情况下，遇到婚前杀价，女生对于自己该坚持的，绝不妥协。否则，一次妥协，就等于放开了一个口子，在未来的婚后生活中，也会遭遇更多男方和其家庭成员的碾压。这样，就会在家庭中越来越没有地位和话语权，距离你想要的幸福婚姻只会越来越远。

情感寄语

女生，如果你在婚前不想遭遇杀价，首先要提升自己的价值，这样你会收获更多，做任何事情才更有底气；其次，要守得住自己的底线，才能换来别人的尊重。如果做不到这两点，又想得到更多的话，只能接受一个时刻感受到自己无能和不幸的人生。

婚姻篇

余生都是你

Hun Yin Pian

第四章

好的亲密关系，需要用心经营

Di Si Zhang

婚姻本身需要由双方建立起良好的亲密关系而得以维系。用心倾听对方的心声、深入探索对方爱的表达方式，向对方坦露心迹……这些都是增进彼此感情的有效方法。只要你愿意，幸福婚姻就在你的手中。

巧妙地表达需求，让他无法抗拒

L O V E

在婚姻里的两个人，相处得是否融洽和幸福，取决于两个人的相处方式，以及在面对一件事情时的态度。在一段感情里，每个人都有各自的需求和想法，而且夫妻二人并不能像想象中的那样时刻保持默契。很多时候，因为一方表达不当，而得不到对方的满足，就会失望，生闷气，甚至认为对方不像之前那样爱自己。

我有一位“粉丝”，她就是在婚姻里不擅长表达的人，也因此一度怀疑自己的丈夫不再像以前那样爱自己，而引发情感纠纷。

莎莎与丈夫是在同一个写字楼里上班认识的。丈夫当时追求的莎莎。因为丈夫对自己十分体贴，考虑事情十分周到，所以，在丈夫各种甜蜜炮弹的连番轰炸下，莎莎答应了丈夫的求婚。

之后，结婚、生子，一切都顺理成章。在大宝出生两年后，丈夫与莎莎商量想要个二胎。莎莎虽然心里认为，有大宝一个就够了。但最终还是顺了丈夫的意。为了保胎，莎莎打了一百多针，导致身体内分泌失调，整个人也变得非常抑郁。从怀孕到生产，没有得到丈夫一点应有的安慰。

后来，在给二宝办百岁宴的时候，莎莎在宴会台上让丈夫抱抱自己，丈夫却觉得宴请的亲朋好友那么多，不好意思抱，就只是摸了摸莎莎的头。当时，莎莎感觉自己很没面子。百岁宴结束后，莎莎与丈夫回到家，就因为这件事大吵了一番。莎莎认为，自己为了丈夫付出了那么多，而丈夫却从来没有任何安慰的话，就连让丈夫抱抱自己，也成了一种奢求。莎莎觉得，现在的丈夫与婚前判若两人。于是，莎莎向我咨询，丈夫对自己的这种态度，是不是真的对自己厌倦了、不爱了。

听了莎莎的诉苦后，我认为，造成这样的局面，一方面是因为莎莎丈夫这种钢铁直男，在众人面前不敢大胆表达爱；另一方面是因为莎莎只知道默默付出，却不知道如何表达自我需求。

男人的细心和体贴，有的人是生来自带的，有的人是需要后天培养的。否则，做任何事情，都很难让女人满足。所以，女人要提醒对方、与对方沟通，让对方知道自己的想法，直接告诉对方怎么做，才能让你满意。

那么女人究竟该如何优雅地表达自己的需求，让对方无法拒绝呢?

1.多用第一人称

夫妻本是一体的，所以说话、做事，都应当把对方与自己划在同一个“阵营”里。在表达需求时，多用“我”“我们”“咱”等第一人称，不用或尽量少用第二人称。这样会很好地拉近夫妻二人之间的距离。

例如：

亲爱的，我想看电影。买两张电影票，咱们一起去看吧。

亲爱的，我想看电影。你去买两张电影票。

想看电影，你去买两张电影票。

第一句拉近了两人之间的距离，充满了让对方无法抗拒的魅力。后面的两句，用了第二人称“你”，在感觉上就把对方当成了“我们”的对立面。显然，第一句最易于让人接受。

2.多用“因为……所以……”

男人通常是以讲道理的思维模式去思考和解决问题的。所以，在表达需求的时候，要营造出一种与他讲道理的气氛，让他在潜意识里感到无法拒绝。

“因为……所以……”这样的句式，就符合男人讲道理时的语境，在表达需求时，再合适不过。

例如：

亲爱的，你看今天是二宝的百日宴，在亲戚朋友眼中，我们是幸福的一家子。所以，我们抱抱吧，证明我们真的很幸福。

这样的话，因为感觉很有道理，所以他就没办法拒绝了。

3.多用“……帮我做……可不可以”

女人，要尝试学会麻烦男人，让他有一种被需要的感觉，这个时候，他们一般不会拒绝。另外，任何时候，请求的语言，比命令式的语言更加入耳，更容易让人接受。所以，在麻烦男人的时候，要多用“……帮我做……可不可以”的句子，这样效果会更好。

例如：

亲爱的，我现在很口渴，帮我倒一杯水好不好？

这种委婉，带有请求语气的表达方式，不但勾起了听者被需要的心理，还会让他感到很舒服，自然不会轻易拒绝你。

当然，如果你能在此基础上配上一些撒娇的动作或温柔的眼神，这样他便无法抗拒你的需求，心甘愿情地满足你的需求。

情感寄语

夫妻之间，情感是否和谐，并不是谁命令谁，也不是谁顺从谁，而是当我们表达自我需求的时候，能够用一些巧妙的方式，让对方为你心甘情愿去做。这样才能达到事半功倍的效果。

最完美的控制，就是给予自由

LOVE

夫妻双方在婚姻这段亲密关系中，总会存在一种想要占据关系主动权的心理。换句话说，就是总有一方或双方，都希望自己成为那个控制亲密关系的人。

有的人，其控制欲非常强烈，对对方生活、自由的管控达到事无巨细的地步。从对方穿什么衣服、染什么颜色的头发、交什么朋友，到其工作该如何开展；从对方早饭必须要吃什么，到未来的人生轨迹该怎么规划，都必须要占据绝对的话语权。而对方则常常感觉自己事事被干预，人生处处无自由。这便是很多家庭矛盾的来源。

有个“粉丝”，他与妻子结婚后，家里的大事小情，都是妻子管理。每月工资都上缴，妻子只给他500元零花钱；他不喜欢吃鸡蛋，妻子却每天让他吃鸡蛋，告诉他吃鸡蛋有营养，对身体好；去孩子学校参加孩子的家长会，他觉得穿得休闲得体便好，他的妻子非让他穿西服，说这样更正式，孩子有面子；单位有客户，需要应酬，他有时候不得不晚回家，但妻子却限制他每天晚上九点之前必须到家；妻子要求他在单位尽量没事不要和女同事说话……为此，这位“粉丝”对自己的婚后生活感到厌烦，甚至让他产生了逆反心理。

有一次，妻子又让他吃鸡蛋，他没吃，偷偷地把鸡蛋扔在垃圾桶里。但恰好被妻子看到。当即两人便吵了起来，妻子甚至觉得他辜负了她的一片好意。而他更是内心愤愤不平，认为自己在这场婚姻里，被束缚得喘不过气来。为此，他找我，让我帮他做情感指导。

我们经常在亲子关系中，强调界限感。很多母亲的一句“都是为了你好”，对儿子控制得事无巨细。而儿子则因为过多的束缚而进行了反抗。显然，这对夫妻在婚姻关系当中，扮演了“母亲”与“儿子”的角色，也上演了同样的“戏码”。在婚姻关系中，又何尝不需要强调界限感呢？

那些总会用一句“因为我爱你，所以才要求你”，来表达自己有多爱对方的人，其实是想让对方按照自己的意愿去发展，来确定自己是值得被爱的。但这种做法，本质是在控制对方，是在剥夺别人的自由。当爱与自由在一起时，婚姻是幸福的；当爱与控制在一起时，婚姻是痛苦的。因为一个失去自由的人，是不会感到快乐的。也正是因此，会出现“因为控制而失去控制”的局面。

婚姻好比是手中的沙，你握得越紧，沙子从你的指缝间流掉得越快。婚姻中，最完美的控制，就是不控制。舒服、毫无压迫感的婚姻关系，需要给彼此一定的空间。一定的自由空间，不会将你们之间的关系推远，反而使双方能够感受到彼此的尊重，使两个人的感情更加牢固。

改变一个人的控制欲，给彼此一定的自由和空间，这是每一对夫妻都应重视的事情。但说起来容易，做起来难。这样的改变，需要夫妻二人共同磨合和努力才能实现。

对于有强烈控制欲的一方，要正视自己的问题。你以爱的名义控制对方，反而让你们之间的爱成了限制对方自由的枷锁。当对方有朝一日忍无可忍的时候，就是对方挣脱枷锁的时候，也是你们之间情感关系破裂的时候。

对于被控制的一方，万万不可唯唯诺诺。在发现对方有这样的苗头时，就一定要与对方多做深入沟通，说出自己的心声。否则你只能纵容对方的控制欲越来越强，只能让自己的处境更加艰难。

每一段幸福的婚姻关系，都是基于微妙的平衡而得以常存。只有做到夫妻之间相互尊重，两个人才能相互靠近、相互温暖，才能守得住这种平衡，守得住婚姻。

情感寄语

亲密关系，始于吸引，死于控制。婚姻中，应当敲响警钟。控制并不会真正给你带来安全感，只有适度放手，给彼此足够的自由和空间，爱才能在彼此间自然流淌。

什么样的女人，让丈夫视若珍宝

LOVE

很多女性私信过我这样一个问题："什么样的女人，让丈夫视若珍宝？"相信，很多人的第一答案是：长相漂亮、有独特气质的女人。但我觉得，这个答案并不准确。

真正让丈夫如获珍宝的女人，应当具备以下特质：

1.有主见、有想法

很多女人在婚后，就变得依赖性很强。不管做什么事情，都开始依赖丈夫。这逐渐消磨掉了她们的主见和想法，最终成为一个无所作为的人。

但一个有主见、有想法的女人，无论做任何事情，都有规划，并做得井井有条。因为她们独立自主，她们不会将自己的人生寄托在丈夫身上，不会事事都想让丈夫帮忙解决。她们遇事沉着、淡定，做事果断。和这样的女人一起生活，省心、省力，生活不会因为琐事而有太多的负担；和这样的女人结婚、生活，都会过得很幸福。这样的女人，是男人不舍放手的女人。

2.心态乐观、积极向上

有谁愿意每天和一个眉头紧蹙、喜欢抱怨的女人在一起生活？那些心态乐观、积极向上的女人，往往使整个家看起来生气勃勃，让人对生活充满了憧憬和希望。这样的女人，在男人眼里才是“旺夫”的，才是丈夫眼中的无价之宝。

3.贤惠持家，孝敬父母

常言道：娶妻娶贤。贤惠持家的女人，才是真正会过日子的女人。这样的女人能将家里的大小事务，打理得井井有条，该花的花，绝不吝啬半分；该省的省，不浪费一分一毫。

古人云：百善孝为先。能够孝敬父母的女人，一定是心地善良的女人，必定能受到长辈的喜欢，婆媳关系相对来讲也会和谐很多。家和才能万事兴。因此，贤惠持家、孝敬父母的女人，才是男人真正喜欢的类型，才能让男人更加死心塌地地爱下去。

4.拥有有趣的灵魂

好看的皮囊千篇一律，有趣的灵魂万里挑一。好看的皮囊，其吸引力终究无法长久，反而会随着时间的推移而减弱。

让男人更加着迷和爱不释手的，其实是皮囊之下的灵魂。

一个女人，如果外表貌美如花，内在却没有灵魂，不懂幽默、不懂情趣、不懂如何创造快乐，和这样的女人在一起生活，始于颜值，终于无趣。这样的女人，即便赢得男人的喜爱，但也是暂时的，不能长久。只有拥有有趣灵魂的女人，才能让男人愿意与其长相厮守。

5.情商、智商双高

很多女人，婚后会犯上一种“唠叨病”。而男人在工作、应酬忙碌一天之后，希望的是回到家能够吃上一口热乎饭、喝上一杯暖心茶，而不想面对妻子无休止的唠叨。所以，那些懂得男人的苦、明白男人的累、能够帮助男人解决问题的女人，情商和智商都在线的女人，能给丈夫带来莫大慰藉的女人，才是男人的最爱。

6.能抵得住异性的诱惑

其实，不但男人会出轨，女人同样也会出轨。对于绝大多数家庭，都是男主外，女主内。男人外出打工，女人留在家中照顾孩子和父母，撑起整个家庭中的琐事和家务。但也正是因为与丈夫的久别，使得女人有了出轨的机会。

一个女人，如果不能抵挡住诱惑，必定是一个不能安分守己、过好日子的女人。这样的女人，是男人避而远之的。男人在外努力奋斗和拼搏，最大的资本、最让他感到欣慰的事情，就是家里有一位安分守己的贤妻。一个安分守己的女人，既能让男人毫无后顾之忧地一心求上进，又能给全家博得一个好名声。如果能够抵挡得住异性的诱惑，那便是一个可靠而又正经的女人，男人自然觉得这样的女人忠诚可靠。

在情感世界里，女人的外貌，只能吸引男人一时，要想吸引男人一辈子，让男人对你视若珍宝，关键还需要提升自己的内在修养。因为一个人的容颜总是容易老去，而一个人的内涵却是丰富无比的。

情感寄语

女人，要想让自己魅力四射，其实很简单。即使你长相平平，但注重内在品质的后天修炼，在婚后，随着时间的推移，往往能让你的另一半发现你身上越来越多的闪光点。这会让他越来越把你当块宝，认为与你在一起，是自己此生最大的幸福。

婚姻里女人要强大，而不是强势

L O V E

如今，很多女人在婚后对婚姻没有安全感，所以在婚姻生活里，将自己演变成了一个强势的女人。在家里，要求丈夫、孩子对自己言听计从。她们以为，这样就能掌握幸福。殊不知，这样并不会让她们收获真正意义上的安全感，这样只会让她们越来越强势。

所谓强势，就是在生活和工作中，表现出比别人很强的气势。强势的女人，在男人看来，脾气差，具有攻击性。当一个女人习惯了强势之后，她就不太容易控制好自己的负面情绪。在与丈夫之间遇到矛盾时，更是不会让步，抱着一种一定要赢的心态，摆出一副有你没我、有我没你的架势。然而，她却不知道，每一次这样的争吵，都是对夫妻之间亲密关系的一种伤害。

我有这样一个“粉丝”，她在婚姻关系里，就是典型的强势女人。她因为自己的强势，而导致出现了情感问题。

芬芬在上大学的时候与现在的丈夫相识。毕业工作后，芬芬表现得十分优秀，不到两年的时间，就晋升为部门经理。相比之下，芬芬丈夫的事业没有任何起色。

婚后，芬芬的事业蒸蒸日上，这也使得她逐渐变成一个名副其实的女强人。在公司手下有100多人，每天发号施令，督促手下去认真执行。如果执行得不好，就对员工进行批评和指责。然而，时间久了，芬芬逐渐将工作方面的强势，带到了家里。家里的所有事情都是她说了算，丈夫每次尝试提出异议，当即就被芬芬否定了。每当丈夫做事情不能让芬芬满意时，就大声呵斥丈夫，指责丈夫做事有头没尾，什么事情也做不好。

起初，面对芬芬强势的态度和苛刻的指责，丈夫左耳朵进，右耳朵出；睁一只眼，闭一只眼。一天，在买房的问题上，两人有了分歧。芬芬想要买一套学区房，方便孩子上小学。但丈夫不赞同，芬芬看中的这片学区房房价很高，会因此带来生活压力。何况孩子还要上初中、高中，总不能孩子的每个学习阶段都要换一套不同的学区房。芬芬便开始指责丈夫：“生活有压力？不都是因为你没出息？要不是我，你都得喝西北风去。”后来，两人僵持不下。丈夫本以为事情就这样不了了之了，但没想到的是，一天，芬芬独自前去，将看上的一套房买了下来。为此，丈夫觉得芬芬太过强势，任何事情都不考虑他的感受，不把他放在眼里，对此实在忍无可忍，就提出要和芬芬离婚。

芬芬不愿意离婚，就向我咨询，如何化解当前的困局。我回复说："当前的困局，完全是因为你的强势造成的。所以要改变，变得温柔一点。"她说："改变了不就在家庭中没有地位了吗？"这种一味强调家庭地位，企图用强势来赢得家庭地位的女人，其实是失败的。男人为了安宁，不得不让步，在被贬低和低头次数多了之后，就会厌倦，慢慢地，这种关系就会滑向冷战的深渊，甚至导致情感破裂。

很多女人认为，自己在家庭结构中，只有说了算或占上风，才有气势，才能稳固自己的位置。气势是由内而外，不动声色就能发散出来的力量，而绝不是依靠咄咄逼人、打压对方而制造出来的气场。在婚姻里，女人强势并不是好事。我认为，女人越强势，婚姻越不幸福。很多强势的女人，因为自己的强势，而使得婚姻触礁。在指责丈夫的时候，你越强调自己的优秀，越是在贬低丈夫。如果女人过于强势，时间久了，就自然使自己变得生硬，逐渐失去女人味。这只会逼走那个真正爱你的男人。没有哪个男人喜欢充满戾气、没有女人味的女人。

婚姻里，强调的是男女平等，相互尊重，该温柔的时候要表现出温柔。女人，可以在外面披荆斩棘，也可以在家为丈夫洗手做羹汤。这样的女人，才是真正强大的女人。这才是婚姻里，女人该有的最美的姿态。

女人需要强大而不是强势。女人的强大是独立，是一种难能可贵的人格魅力。强大而不强势的女人，往往可以独当一面，与丈夫共同承担家庭压力，但不会盛气凌人，不会咄咄逼人。真正强大的女人，将坚强和骄傲藏在心里，面对自己的家人，能够时刻温柔以待。这样的女人才能真正得到爱人的尊重和爱的回馈，才能成为人生真正的赢家。

情感寄语

婚姻里的两个人是平等的，没有谁比谁强，谁比谁弱，没有谁的地位高，谁的地位低。如果非要争个强弱、高低，那么即便你赢了，却输掉了对方的心。如果不懂得适当转变自己的态度，只能一辈子吃强势的亏。

做丈夫眼中“完美的老婆”

L O V E

前段时间，“粉丝”群里大家闲聊时，有人问了这样一个问题：“为什么男人眼里总是觉得别人的老婆最完美？”于是，大家就这个问题展开了激烈的讨论。还有人@了我，让我给答疑解惑。

为何在丈夫眼中，别人的老婆才是最完美的呢？相信很多女人对此心存疑问，并想为之竭力寻找答案。

我认为有以下几个原因：

原因一：女人总是在外面展示最好的一面。

在丈夫眼中，别人的老婆貌美、温柔、体贴、懂事、支持丈夫、能同甘共苦……仿佛别人的老婆身上集中了一个女人应有的全部优点，而不带一丝瑕疵。事实上，作为一个女人，都会把自己的缺点和短处留在各自的家里，把臭脾气以及坏情绪都释放给最亲近的人，更何况家丑不可外扬，没有谁会在外面展现出自己很糟糕的一面。而对于自己的老婆，男人总是与她朝夕相处，她的任何缺点、短处在男人面前暴露无遗，所以男人对自己的老婆了如指掌。这样，男人就会认为自己的老婆与别人的老婆有很大的差距。其实，站在他人的立场上，也会觉得别人的老婆更好。这其实是一个错觉。

原因二：新鲜感作祟。

人与人相处，总会遵循一个规律：不熟悉——新鲜——猎奇——了解——熟悉——厌倦。面对一个不熟悉的人和事物，人们总会感到新鲜，这就会造成神秘感，进而引出人的好奇心，想要尝试去了解。当对这个人或事物逐渐熟悉后，就会对其感到厌倦。所以，当看到别人的老婆时，男人同样因为不熟悉所产生的新鲜感而作祟，觉得别人的老婆比自己的好。

既然知道为何在丈夫眼中别人的老婆印象更完美的原因，为何不去做一个丈夫眼中“完美的老婆”呢？这里我给大家分享一些技巧：

1.在外面给足丈夫面子

很多女人总是在外人面前抱怨丈夫的缺点和不足。如果丈夫在场，听到你的抱怨，会感觉面子全失。但聪明的女人，和丈夫在外面时，都会想方设法维护丈夫在外人面前的形象。

所以，女人，应当时刻告诉自己，你与丈夫是一体的，他的快乐就是你的快乐，他的面子就是你的面子。

2.支持他所做的事情

夫妻之间相处久了，彼此之间或多或少会有些厌倦，对对方所说的话、所做的事会有所不满，甚至公然唱反调。这种做法，是男人十分反感的。相反，如果妻子很多事情上都能对男人给予支持，甚至是帮助，男人会觉得你对他的做法十分认可，认为你永远会站在自己这一边。这样会很好地增进两个人的感情。

3.尽可能地展现自己的美

很多女人在结婚前注重精心打扮和保养，婚后却成了邋里邋遢的黄脸婆。男人每天下班回到家，看到这样的女人，长此以往，必生厌恶。人是视觉动物，对于美好的人或物，总是喜欢多看上几眼，进而产生好感。你要相信，你的丈夫当初第一眼能看上你，是因为你外表干练，有独特的气质，而不是你的不修边幅和邋里邋遢。女人婚后，任何时候都不要以为自己成家了，就索性放弃打扮。切记，即便再忙，也要注意保养。出门时，无须浓妆，只要一个精致的淡妆，搭配干练得体的服饰和得体的举止才能将你的美展现得淋漓尽致。你越变越有气质，丈夫才会欣赏你。相反，如果你自己都放弃了自己，又怎么能保证丈夫不放弃你？

我的群里，有一个叫刘姐的“粉丝”，她在群里分享了自己的经历：

刘姐与丈夫结婚多年，在其他姐妹都担心情感变淡、丈夫变心的状态下，刘姐却和丈夫的关系越来越好。这是因为刘姐从来不放弃对美的追求。

虽然结婚多年，刘姐一直跟恋爱时一样，注重保养和穿衣打扮。无论任何时候，跟丈夫一起出门，她都要精心打扮一番，从不掉以轻心。

一次，夫妻二人去看电影，别人还以为这是一对刚谈恋爱的恋人。因为一位是风度翩翩的男人，一位是美貌漂亮的女人，怎么也不会想到这是一对结婚多年的老夫妻。

即使在生完孩子后，刘姐也十分注重自己的身材。为了甩掉自己肚子上的“游泳圈”，她每天坚持锻炼。在刘姐丈夫的眼里，刘姐总是美丽的。

4.与丈夫轻松相处

男人与其他女性接触的场所通常是社交场合，在这里，彼此之间聊的是轻松话题，别人展现给你丈夫的是知书达理、温润如水的一面。而丈夫和妻子在一起生活，谈论的都是一些柴米油盐、家庭琐事。如果每天全是这样的话题就会变得很无趣，且难以给人轻松感。所以，女人，一定要避免这类话题，寻找一些有趣的话题与丈夫一起探讨，成为丈夫眼中有情趣、有学识的女人。

情感寄语

在丈夫眼中，别的女性的印象是最完美的，那是因为你没有向你的丈夫精心展示出你最好的一面。也许你在别人的丈夫眼中，同样有他人难以企及的优点。所以，你尽管将你在外人眼中的优点，展现在你丈夫面前，此时你就是丈夫眼中最完美的那一个。

婚姻篇
余生都是你

Hun Yin Pian

第五章

彼此相爱，就不要相互伤害

Di Wu Zhang

世间最美好的事情，就是两个相爱的人能够相守一生。然而，在现实生活中，有一个十分奇怪的现象，就是明明两个人彼此相爱，却要相互伤害。我认为，如果彼此相爱，就不要互相伤害。

“AA”的是生活，毁掉的却是婚姻

LOVE

两个相爱的人，进入婚姻阶段后，一旦发生争吵，有时双方都会斤斤计较。你觉得我不够温柔，我觉得你不够体贴；你觉得你比我吃亏，我觉得我比你付出的更多，而你却从来看不到。所以，两人之间总会因为这些小事情而相互埋怨。

有个“粉丝”叫张莹，她与丈夫是经人介绍认识的。因为双方顾及年龄问题，所以相识仅仅五个月，便结了婚。她生完孩子后，在家休产假三个月。因为工资缩水，本想让丈夫支付这几个月的开销。没想到的是，丈夫却明确要求，所有的花销都要一笔笔记账，然后让张莹以后还一半给他。这样的话让张莹感到十分心寒。丈夫是IT公司的职员，月入两万多，并不差钱。虽然婚后一直是AA制，但如今是特殊情况，丈夫的这种做法实在是让张莹感到难过。张莹后悔自己嫁错了人。

后来，张莹想要离婚，但丈夫却不同意。张莹问我，自己现在遇到这样的人，这样的事，该怎么办？

既然要用这样的AA制算法，来算清彼此，是否要张莹和她的丈夫也各自怀胎五个月？张莹怀孕身材走形，身体素质下降，是否要让他的丈夫也亲自体验和感受一下？但这笔账真的能算清楚吗？显然这些都不现实。

金钱只是一种收益衡量指标，却不能作为衡量一个人对家庭付出多少的工具。丈夫在外面工作赚钱，妻子怀孕生子，照顾孩子、公婆，负责一家人的生活起居，等孩子长大些还需要出去工作。丈夫的收益是可以用金钱来衡量的，但妻子全心全意的付出，对孩子、对公婆的照顾，又如何用金钱来衡量？这些是用金钱买不来的。在婚姻里，算得清的是钱，算不清的是爱，是付出。

真正相爱的两个人，从下定决心在一起相守一生时，就已经做好了用一辈子爱对方、为对方付出的打算。真正相爱的两个人是不会AA制的。因为爱是不能量化的，是不能计算的，是无法衡量的。爱本身是一种能力，是一种感受。如果因为柴米油盐而做永远算不完的算术题，那么这不但算不清，还会摧毁彼此的感情。在一段感情里，如果什么都分得清清楚楚，算得明明白白，那么它离破碎也就不远了。

婚姻里，如果彼此相爱，最好的算法就是“算了吧”。在彼此真爱的婚姻里，“算了吧”不是对另一半的妥协，而是对鸡毛蒜皮不斤斤计较的态度，是夫妻关系中最好的温情。夫妻两个人能在这个世上，从陌生人变为夫妻，这已经是莫大的缘分。好的婚姻，需要的是心甘情愿的付出，而不是斤斤计较地算计。

婚姻不是做市场交易，你给多少，对方就要拿出等价或等量的还多少。但凡那些过得十分幸福的夫妻，不是因为从彼此那里获得了多少，而是因为彼此计较得少。他们从不会相互计算彼此的付出和回报是否成正比，也不会精确地衡量给予与所得是否一致。爱，就是不问值不值得。算得清清楚楚，反倒使彼此生分；扯得明明白白，反倒使彼此疏远。

在婚姻里，没有办法算得清楚，因为婚姻和感情，本身就是一笔“糊涂账”。因此，千万别让“AA制”毁了你的婚姻。

情感寄语

感情和金钱是维系婚姻必不可少的要素。感情是夫妻亲密关系的基础，金钱是夫妻生活开销的来源。但感情和金钱并不能画等号。否则，夫妻关系则成为一场难看的交易。好的婚姻，一定是“你比钱更重要”。

别让婚姻输给了“高期待”

L O V E

很多女人对于婚姻，会有这样的理念：婚姻是女人的二次投胎。持有这种理念的人，往往对婚姻抱有很高的期待。但事实是，婚后，她们才发现，事与愿违，自己的婚姻状况与理想中的婚姻相差十万八千里。

方芳在遇到丈夫之前，从来没谈过恋爱。她内心渴望的是能够找到那个让她一见倾心，志趣相投的那个人。一次偶然的机会，她与丈夫相识，并认为眼前这个男人斯斯文文的就是自己想要的那个人。后来，两人相互喜欢，丈夫对她千依百顺。身边的朋友、闺蜜也都说：嫁人就嫁对自己千依百顺的才会幸福。方芳更加笃定，这个人就是要与自己相守一生的人。于是，两人顺利地成了婚。

可现实生活终究不是童话。方芳发现，与丈夫相处的时间越久，就越发现丈夫有很多的缺点，觉得他不如自己当初想象的那么好。婚后两年，他们的婚姻便就此终结了。

事情的导火索，是因为换房。当初结婚时，因为买不起新楼盘，丈夫就和方芳商量着，先买一套二手房住着，等过两年攒点钱再换一套好的。方芳当时顾及丈夫的感受，也就同意了。如今丈夫家的老房子拆迁，得了一笔拆迁款。方芳便提起了丈夫两年前的承诺。可没曾想，公婆认为大儿子有房子住，二儿子没有，就将拆迁款赠予了二儿子。方芳心里十分不悦，便怪自己的丈夫不去争点拆迁款："没出息，为什么总让我那么失望。"

事实上，以前方芳每次在与丈夫吵架时，就会说出这句口头禅：为什么总让我失望。当别人在朋友圈晒老公准备的浪漫惊喜时，她就会说："为什么总让我失望，你看看人家的老公！"当丈夫工作需要，周末不得不去加班时，她就会说："为什么总让我失望，说好的陪我去逛街，结果却做不到！"

一开始，丈夫唯唯诺诺，说自己以后不会让方芳失望。但时间久了，丈夫不想一直忍气吞声，就和方芳争吵起来。直到后来，丈夫彻底怒了，甩了一句："看来我这辈子都达不到你的高期待，我们离婚吧。"

丈夫的一句话，让方芳警醒。回顾点点滴滴，她觉得丈夫对自己其实还是不错的，她不想失去这个男人。于是就找我帮她调解。

在婚姻里，有多少人因为对对方的高期待而伤害了自己的枕边人？虽然说，对生活充满期待，是因为对自己的人生充满了期待。但对自己最亲密的丈夫或妻子建立过高的期待，这其实是对对方的一种情感绑架。无形中，将高期待变成一种束缚，将你们彼此的爱捆绑在了一起。

在婚姻当中，对另一方产生高期待，实际上是内心中渴望对方成为理想中美好的模样。当这种对理想型的期待落空时，你变本加厉地施压，不仅伤害了对方，也折磨了自己。所以，不要让你的婚姻输给了“高期待。”

可如果一个人没有了任何期待，也就失去了亲密关系的意义。在亲密关系中，既要对婚姻有所期待，又要懂得把握一个度，懂得合理期待。

什么样的期待，才是合理期待呢？

1.对对方可以做到的事情给予期待

如果一个人的能力有限，使尽全力也无法完成一件事情。此时对他充满期待，显然是强人所难，不切实际。可是如果你能调整自己的期待，将希望放在一些他能做到的事情上，结果则截然不同。

比如，你因为工作问题而心情不好的时候，期望他能够主动关心你、安慰你；当你生病的时候，你希望他能对你悉心照顾，主动承担起家务……这些都是一个男人能够做到的，也是你可以期待的。

夫妻之间彼此在相处过程中，一定要找一些符合对方性格，只要对方稍加努力就能做到的事情去期待。这样，对方容易做到，你的期待也容易变为现实。

2.对你能改变对方的地方给予期待

没有哪个人是十全十美的，脾气、性格、三观等，这些都不是容易去改变的。如果你将自己的期待放在这些方面，那么无疑是自寻烦恼，也会在无形中对对方造成伤害，会对彼此之间的亲密关系带来创伤。

但，对于这些难以改变的方面，我们可以想方设法地进行转换。

例如：当对方脾气不好时，可以对其约法三章。如果生气，就先在心中默念10个数，再开口说话。这样，久而久之就会减少对方发脾气的次数。

很多时候，我们将期待放在了错误的地方，使得婚姻关系逐渐走向了崩溃的边缘。不妨尝试着放下你的高期待，放过自己，也放过彼此。

情感寄语

每个人都无法做到完美。在要求对方，期待对方达到你的理想模样时，是否也换位思考，你自己是否在对方眼中也是完美无缺的？这样做是否公平？在婚姻中，夫妻二人是需要相互尊重，迁就彼此，这样二人的亲密关系才能得以长存。

过分猜忌会将对方推到婚姻边缘

L O V E

美满的婚姻，人人向往，但得来却十分不易。在每一段成功的婚姻里，夫妻双方都要为之付出很多，但信任是婚姻幸福的基础。婚姻中，一旦出现猜忌，就会出现感情裂痕。

现实中，无论男女，都会在婚姻中出现这样的问题，女性则更为明显。婚后，很多女性因为不自信，担心丈夫对自己不好，害怕被丈夫抛弃，因此而猜忌对方。

前段时间，有一位男士，向我抱怨：与妻子谈恋爱的时候，妻子温柔大方，很少干涉自己的生活。之后，两人结束了三年的恋情，步入了婚姻殿堂。起初，他与妻子之间的感情很甜蜜，两人经常出双入对，共同做家务，小日子过得很安逸。

但近期，两人的感情出现了一些问题。妻子总是喜欢翻看他的手机，有异性同事打电话过来，妻子便问东问西，“谁啊？”“跟你什么关系？”“给你打电话有什么事？”最过分的是，有一次，妻子看到他与女客户正常寒暄的聊天记录，妻子认为他们之间有暧昧关系，就没有经他同意直接将客户的微信删掉。这让他实在忍无可忍，在两人大吵一架后，妻子哭着回了娘家。

他觉得，现在的妻子，与他从前认识的妻子，判若两人，总是对他充满了猜忌和戒备。他对妻子从来没有心生二意，却不知道妻子何时开始对自己产生了猜忌。

经过与他的妻子进行深入沟通才知道：有一天，他因为业务需要，与客户应酬到很晚才回家，而且喝得烂醉。妻子与自己最要好的同事打听了一下，得知饭局上有许多异性。这变成了妻子捕风捉影的原因。虽然妻子没有与他坐下来坦诚沟通，却在心里对此耿耿于怀。

这位男士的妻子无中生有地猜忌自己的丈夫，让自己变得如履薄冰，并让其丈夫产生了厌烦。这样最终的结果，就是降低了双方亲密关系的黏合度，让两个原本亲密的人，变得越来越疏离。婚姻中，最怕的就是猜忌，过分猜忌容易失去人心。在日积月累后，对方承受不住，便会彻底崩溃，甚至会将对方直接推上背叛的道路。

对于夫妻二人的情况，我认为，要想改变现状，妻子不再随意猜忌丈夫，丈夫能够不再厌烦妻子，关键在于做好以下两点：

1.双方相互坦诚，进行深入沟通

猜忌是夫妻关系的大敌，而猜忌最大的敌人就是沟通。如果夫妻二人能平心静气地坐下来，开诚布公地说出自己的想法，没有解不开的心结。长相知，才能不相疑。

2.冷静思考，理智对待

很多人在产生猜疑的时候，不能冷静思考，往往会采取极端的方式来对待整件事情。这样，在丧失理智的情况下，就会做出偏激行为。这样，事情会演变的越来越糟糕，矛盾进一步激化，甚至两败俱伤。所以，夫妻之间一旦有了猜忌，要冷静思考，理智对待。平心静气地思考，才能产生有效的问题解决方法，让事情解决在事发之际。

猜忌经常会出现在婚姻生活中，猜忌不可怕，可怕的是猜忌变得越来越重。及时遏制和化解彼此的猜忌，才是让婚姻走向和谐、家庭保持和睦的最好方法。

情感寄语

猜忌是很多夫妻关系破裂的一大祸根，夫妻之间必须引起足够的重视。解决猜忌的方法就是加强沟通，彼此之间建立信任。如果双方之间有了猜忌，说明彼此需要进行适当调整和改变，并且彼此要开诚布公，增强思想交流和信息沟通，增加夫妻生活的心理透明度。

过度依赖会压垮对方 也会失去自我

L O V E

很多女人，对于结婚，其观点是：嫁人就要嫁一个可以依靠的男人。于是，她们结了婚，如愿以偿。虽然说，一方能够依赖另一方，是一件幸福的事情，也是判断一段关系是否亲密的重要依据。可是，过度依赖并不见得就是好事。

在婚姻生活中，有些女人处处依赖丈夫。这种依赖，一方面让她们逐渐蜕化成一个不能自食其力，甚至丧失了生活能力的人；另一方面，丈夫因为妻子的过度依赖，而感觉喘不过气来。

恋爱初期，小鹏感觉小娟长得小鸟依人，总有一种想要保护她的冲动。面对小鹏对自己的好，闺蜜都认为小娟找到了一个可以依赖的人，对小娟羡慕不已。后来，两人顺理成章地结了婚。

婚后，小娟却沉浸在对小鹏的依赖当中。小鹏三分钟不回信息，便开始投放电话炸弹，正在开会的小鹏没有接电话，便直接打到小鹏同事那里；下班回到家，小娟看电视，也要求小鹏必须陪在自己身边；吃水果，让小鹏帮她削水果皮；小娟喜欢养猫，却从来都不换猫砂，每次都让小鹏去换……小娟认为小鹏这样宠着自己，感觉自己很幸福。每次在与闺蜜聊天时，都在炫耀自己的幸福。

刚开始的时候，由于小鹏工作轻松，每天有时间满足小娟对自己的依赖。但后来，小鹏因为工作调动，业务繁忙，经常加班到很晚才回家，没时间满足小娟的需要，由此引发小娟诸多的抱怨。再加上小娟对小鹏的依赖，越来越多，越来越过分。日积月累，小鹏实在是忍无可忍。一天，小鹏终于爆发了。他狠狠地斥责小娟是“狗皮膏药”，是“蠹虫”，并且以性格不合提出了离婚，态度十分坚决地搬出了他们的家。

小娟万万没想到，自己的丈夫会这样想自己，会跟自己提出离婚。她一度陷入恐慌和痛苦当中。她的世界崩塌了。她给小鹏打电话，小鹏却关机了；发无数条信息，求小鹏回来，但并没有收到任何回应。没有小鹏陪伴的夜晚，小娟感到十分孤独、无助、害怕，伴随而来的是失眠。小娟不知道自己错在哪里，更不知道自己如何才能挽回小鹏的心。于是，小娟找我帮她指点迷津。

在这段婚姻关系中，小娟错将这种“寄生性的依赖”当做了丈夫对自己的爱和忠诚。而她却不知道，这种因为依赖而产生的所谓的幸福，只是她对美好婚姻的一种幻想。这阻碍了小娟的成长和坚强。当这种幻想破灭时，小娟不得不面对现实。

我认为，小娟之所以对丈夫如此依赖，并导致丈夫坚决要离婚的原因，有两个方面：

第一，过度依赖的本质是缺乏安全感

缺乏安全感，是很多女人婚后都会有的焦虑。在这种焦虑的牵引下，她们会做出很多非理性行为。电话轰炸、陪看电视，目的就是为了时刻把对方绑在自己身边。这样自己有了些许安全感，却让对方感觉很压抑。男女之间就像拉着一根橡皮绳，你总想把两人拉得越来越近，但绳子的弹性有限。要么你的拉力超出了橡皮绳的承受范围，扯断了绳子，同时伤了两人；要么对方受不了，逃跑自救，放开绳子，伤了你自己。

第二，过度依赖的另一面是过度依附。

过度依附男人的女人，往往任何事情都需要男人的帮助。他们总是把男人当做家里的顶梁柱。我们甚至可以想象，没有男人的帮助，这样的女人该如何生存和生活。事事依附男人的女人，最终失去了自我，变得没有魅力。

事实上，小娟并不是个例。婚后，很多女人因为过度依赖男人，而最终导致离婚的例子比比皆是。女人如果想要挽回这份感情，我认为必须要做到两点：

1.在婚姻中要认清现实

很多陷入过度依赖爱情中无法自拔的女人，是因为她们没有认清楚现实：一方面，这个世界没有谁能永久地依赖谁，能够依赖的只有自己；另一方面，过度的依赖并不会将亲密关系向良性的方向引导，最终换来的只能是被抛弃。

2.在婚姻中要保持独立

太多的女人，进入亲密关系之后，就完全把对方放在第一位。认为对方是自己此生的依靠，只有在对方的帮助下，自己才能过得更好。在婚姻中，夫妻之间既是一体，又是独立的个体。在实现共同目标时，需要双方合作，彼此是一体的。在需要成长和坚强的时候，需要学会独力，依赖自己。

情感寄语

人是一种非常奇特的生物，能依赖的就不会轻易去努力。过度依赖，只会让你丧失对美好事物的追求，让你变得越来越弱小。在婚姻生活中，同样如此。这个世界上，只有弱者才会依赖强者。当你足够强大时，你就可以在婚姻关系中，完全掌控自己的人生。

有家暴的婚姻是否还要继续

L O V E

相信，所有步入婚姻殿堂的人，都想和身边的人恩爱长久。幸福的婚姻需要彼此好好经营，好好珍惜，相互偎依，相互疼爱。但现实生活里，婚姻也会出现黑暗面，有很多家庭因为家暴，而最终走向了离婚。

有一个“粉丝”，前段时间给我发私信，说与丈夫一起生活了两年，丈夫经常对自己家暴。每次打完自己，总会苦苦哀求，说他是一时冲动，打完他就后悔了。每次还要求她原谅。而她自己心软，每次也就选择了原谅。这次，她被打得十分严重，被打成了重伤。问我该怎么办？

婚姻里的家暴，通常男人是施暴者，而女人则是受害者。

对于这样的家暴，我是支持她离婚的。家暴零容忍，这是我对于那些家暴婚姻的一贯态度。男人的手是来打天下的，不是用来打女人的。所以打女人的男人，往往是家里横，他在外面肯定是软弱的。男人如果在家里对妻子好，在妻子面前示弱，在外面肯定是非常厉害的。对妻子家暴的男人，不配做一个丈夫。无论什么原因，丈夫打妻子，都是令人憎恨的。所以女人一定要保护好自己，用法律的武器来维护自己的合法权益。

最近，网络中流传了一条备受社会关注和热议的家暴新闻。一位女子与丈夫结婚三年，在这三年里，她遭遇了三次严重的家暴。

一天，丈夫晚上喝多了，回到家之后，情绪很不好，便和女子争吵了起来。然后，丈夫第一次对女子动了手。当时，女子第一次遭遇家暴后，便回了娘家，但她当时对家暴并没有什么概念，认为丈夫酒后一时冲动。在丈夫反复保证的情况下，两人很快和好了。

但是没过多久，两人又一次陷入了争吵的漩涡当中。家庭矛盾得不到解决，丈夫就选择用暴力来解决。这一次被家暴之后，女子感觉这样的婚姻生活已经看不到希望。

第三次家暴，是因为丈夫去打牌，婆婆在棋牌室找到了丈夫，对其当场呵斥。这让丈夫觉得，是女子告的状，于是就激发了丈夫的愤怒情绪。女子意识到丈夫情绪暴躁，无法自控，就直接跑回娘家。一天，女子听说丈夫出了远门，就回到结婚时父母给她陪嫁的服装店，服装店所处的位置是二楼。然而，当天，丈夫突然闯入服装店，把门朝里一锁，就开始对女子实施残忍的殴打行为：扇耳光、推倒、扯头发、拖行……女子的眼眶被重击了一拳，顿时眼前一黑，感觉自己肯定是被打瞎了。她想逃生，但门已经被锁上。而窗户则成了最后可以逃生的希望。于是，她带着恐惧，从二楼跳了下来，重重地摔在了楼下的水泥地面上。经诊断，她的身体有多处骨折与损伤，此后她需要进行漫长而痛苦的治疗。女子边治疗，边与丈夫打官司，她想用法律手段来保护自己，制裁那个凶神恶煞的施暴者。

我非常赞同这位女子的做法。我们要用法律手段结束这段婚姻，同时也要保障离婚自由。一个爱妻子的男人，无论出于什么原因都不会打自己的妻子。因为他们明白，家暴后的家庭是伤痕累累的，对妻子的创伤也是无法抚平的。一个爱你的人，是不舍得看你流泪和受伤的，只有不爱你的人，才会对你拳打脚踢，暴力相向。

女人，被丈夫家暴，还是趁早离开为好。而且任何时候，不要觉得被丈夫施以家暴，是一件丢人的事情，认为家丑不可外扬，就选择忍气吞声与沉默。因为，家暴只有零次和无数次之分。你能容忍第一次，以后就要强迫自己容忍更多次。所以，面对遭受家暴的受害者，沉默不能解决问题，一定要及时发声，主张个人权利，用法律手段维护自己的权益。

情感寄语

有家暴倾向的男人，往往重复家暴的概率很高，大部分家暴有了第一次，就会有第二次。家暴一半是男人性格的原因，一半是女人恐惧、不予反抗而惯出来的毛病。他打，你受，最后就成了习惯。你选择原谅，是为了维系婚姻，而在他心里，你的每次原谅都是他得寸进尺的筹码。如果你被丈夫家暴，你的爱情被辜负，那么你要敢于反抗，勇敢地说出来，用法律武器保护自己，果断结束这段婚姻。

出轨是对婚姻致命的一击

L O V E

假如婚姻中一方出轨了，我们该何去何从？这是很多夫妻遇到的难题。选择忍，人生漫长，不知道要忍多久，更不知会换来什么样的结果。选择离，有没有信心独自面对未知的生活，更不想给孩子的心灵带来创伤。面对另一半出轨的事实，内心本已悲伤不已，却还不得不做出这样艰难的抉择。

有个“粉丝”跟我连麦时，说她人到中年，不幸遇到丈夫出轨，她有两个孩子，一男一女，全世界都认为她过得很幸福，可是她自己并不这样认为。因为她正在遭遇离婚危机。这位女士与丈夫结婚将近十年，随着孩子的出生，家庭各项琐事都需要她一人打理和照料，而她觉得丈夫每天除了上班赚钱，还要应酬，实在是太辛苦，所以家中的一切都亲力亲为。后来，也不知道从什么时候开始，丈夫每天很晚才回家，每次回来都说公司加班。每次不论丈夫回来得再晚，她都会给丈夫做一碗热腾腾的面条。

一天，她路过一家珠宝店，不经意间，发现丈夫在给一位年轻女子挑首饰。这时，她才恍然大悟，原来丈夫出轨了，每天说加班只是个幌子。她那天很焦急地找到我说："我真的没想到，丈夫是个性格内敛的人，竟然会背叛我。起初我十分愤怒，想要离婚。但作为一个母亲，我真的不想离婚。您说我该怎么办？"

丈夫出轨，会给妻子的内心造成巨大的伤害。尤其对于那些自认为丈夫不会出轨的人，伤害则更大，这是她们始料未及的。

男人出轨，我认为主要有三个原因：

原因一：有一些东西妻子难以给予和满足

这种人与妻子相处时，表面看很和谐，但内心总有一个窟窿。这个窟窿，是感情，是被爱，是被承认，这些可能是妻子给不了的。

原因二：精神受挫需要有人来安慰和填补

他在事业或生活中，遭遇了挫折，遇到了人生低谷。这时候他精神空虚，需要填补。

原因三：长期处于弱势，没有家庭地位

女强男弱的婚姻里，除非这个男人足够爱，这个女人足够珍惜。否则，时间久了，处于弱势的一方，如果一直在家里得不到尊重，得不到应有的家庭地位，那么其内心积压的负面情绪，迟早会以一种想象不到的形式来发泄。

我的一位“粉丝”，她的丈夫出轨了。因为她的性格是十分强势的那种，在家里总是自己说了算，对丈夫从来没有过好脸色，总说丈夫窝囊、没有用。后来丈夫就变得越来越弱，越来越不敢承担责任。与此同时，她的丈夫内心中产生了一种渴望，渴望被尊重。偶然间，丈夫发现，在别的女人身上可以寻找到作为男人的存在感。于是就情不自禁地走上了出轨的道路。

出轨，无疑是对婚姻致命的一击。那么如何才能减少丈夫出轨的概率呢？我认为有三点，女人需要明白：

1.让丈夫融入家庭活动当中

一个女人经营婚姻，最重要的不是婚姻本身，而是你自己。可以看得出来，第一位女士是那种爱家、顾家，为家庭付出很多、操劳很多的人，但却得不到丈夫的珍惜。她最大的失误就是，丈夫太闲，没有让他参与到家庭活动中来，而是自己包揽一切。

2.学会给自己投资

男人是天生的视觉动物。女人在为家庭操持的同时，不要把自己熬成黄脸婆。女人要学会利用好自己的优势，学会给自己投资。

3.学会主动制造浪漫

在家里，光靠对丈夫照顾有加来维系婚姻，是远远不够的。你的投入和付出，时间久了，对方就会认为这是作为一个妻子应该做的事情。你要想方设法从情感上入手，寻回当初丈夫喜欢你、爱你的激情和浪漫。让丈夫时刻能够感受到与你在一起生活，是一件有趣、能给自己带来快乐和愉悦的事情。

如果你很不幸，发现自己的丈夫出轨了，但丈夫对自己的所作所为表示深深地忏悔，想要求得你的原谅，与你重新来过。你该如何抉择？婚姻中，遇到对方出轨，真的很难让人做出抉择。处理这样的难题，总是非常考验另一方的智慧和胆量。这时候，你做出任何决定，都代表这段婚姻，将要面临的结局。处理得好，婚姻就能继续走下去；处理不好，这个婚姻就走到了尽头。

面对丈夫出轨，女人是否要原谅对方？我认为关键要看值不值得原谅。继续过日子和是否原谅是两回事。无论选择原谅还是不原谅，重心应当放在想不想和他过日子上，看对方为你所做的事情是否真心？是否对其丑陋的行为真正感到惭愧和忏悔？是否还真的爱着你？否则你说不原谅，对方马上就会放手。你说原谅，对方松口气，可能下次还会继续。

相信，很多女人，作为一个母亲，不希望自己的孩子在破碎的家庭长大，为了家庭的完整、为了给孩子完整的父爱和母爱，最终选择了原谅。其实，男人出轨之后回归家庭，横在你们之间最大的障碍，不是第三者，而是你不再信任他。当然你不必为你的不信任而自责，因为你的不信任是有道理的，也是有原因的。一个人被伤过之后，本就应该抱着警惕的心态，这是人之常情。但你的警惕心态不能表现得太过明显，因为一旦你操作不当，反而起反作用。明明已经把这个男人拉回来了，又做了一些事，将其推了出去。何必呢？不值得。

在这个时候，要把握一个度，既要让这个男人内心愧疚和自责，又要让他感觉到家里的温暖。这样才能把濒临崩溃的婚姻彻底挽救回来。

情感寄语

在婚姻里，出轨问题是让婚姻破裂的一把利刃。面对出轨问题，暴力沟通、大声哭闹，毫无意义，不能从根本上解决问题。最好的方法，就是让自己先冷静下来，思考对方出轨的原因，究竟是对方的问题，还是自己的问题造成的。等把这些问题想明白，解决矛盾的方法就很容易找到了。

合租式的婚姻
堪比冷暴力

LOVE

有种婚姻，堪比冷暴力，那就是合租式婚姻。

合租式婚姻中的夫妻双方像两个租客一样，同住一个屋檐下，却彼此互不干扰，每天也没有什么太大的矛盾，没有浪漫也没有惊喜，没有夫妻之间本应有的温情。

有一个电视剧《三十而已》，一播出就引起了广泛关注。剧中有三个女主人公，其中一个叫钟晓芹，她与丈夫陈屿之间的婚姻关系，就是名副其实的合租式婚姻。每天早餐，一个吃面包、喝牛奶，另一个吃油条、喝豆浆，两人吃饭时全程无交流，一个忙着追剧，一个忙着看新闻；衣服只洗自己的，碗筷只收拾自己的；你养你的猫，我养我的鱼……

其实，这是当前多少夫妻的婚姻现状？又有多少人将自己的婚姻变成了钟晓芹和陈屿的样子？恋爱时，有多么轰轰烈烈，爱得死去活来，步入婚姻后就有多么平淡无奇，荡不起任何涟漪。婚后生活本该温馨甜蜜，最终却出乎意料地变成了日复一日的麻木。

小雅是我的一个“粉丝”，在一次活动中，中场休息，她过来找我。她与丈夫在一起十年，恋爱十年，结婚六年，孩子五岁。孩子出生后，丈夫嫌弃孩子半夜哭闹无法休息，就提出了分房睡。小雅考虑了下，便同意了。毕竟自己刚生完孩子，无法工作，家里的经济开销全靠丈夫一人担着。但两人就是从分房开始，渐渐变得疏离起来，往日的亲密不再，双方之间的聊天，话题单一、简洁，完全围绕孩子的饮食起居和费用进行。他们之间没有什么矛盾，彼此客客气气。丈夫晚上下班回家，宁愿和三五好友网上斗地主，也不愿陪小雅坐上10分钟。小雅总是觉得她与丈夫的日子倒也能过下去，但总觉得两人的日子不像夫妻，反而更像是合租的室友。小雅问我，如何才能让自己与丈夫重回以前恋爱时的亲密关系？

我能感受到小雅在诉说事情时，内心掺杂着心灰意冷、忍受着裹挟的痛楚。婚姻不是一个人的独角戏，而是两个人灵魂的相互碰撞。茫茫人海中，两个人能够相识、相知、相爱，是一件非常不容易的事情，能够结为夫妻，更是需要多大的运气。一辈子那么长，不要将婚后生活过成一潭死水。

我给小雅的建议是，尝试使用以下几种力量来改变现有的合租式婚姻：

1.沟通力

世界上，最可怕的不是夫妻之间的争吵，而是双方从来都不沟通。沟通少了，夫妻之间就会产生本不应该有的矛盾与隔阂。小雅与丈夫之间的甜蜜生活，没有败给第三者，却死在了缺乏沟通上。沟通可以让双方更加了解彼此的想法和观点，更好地知道对方想要的是什么，以及如何才能满足对方的需求。此外，沟通还有一个重要功能，就是随时让对方知道你对他的感情和欣赏，这样可以巩固夫妻之间的感情。

2.共情力

共情力，是夫妻的感情通道。共情的程度，决定了夫妻感情的深度，也决定了婚姻的长度。任何时候，男人都不要认为，做家务、照看孩子、是女人的本分，女人也不要觉得男人是家庭经济的承担者。彼此要学会站在对方的角度去思考问题，学会与对方共同承担家庭责任，才能让婚姻关系强韧不可摧。

3.成长力

婚姻其实就是一场自我修行。婚姻中，夫妻二人可以不成功，但不能不成长。这种成长关乎心灵、精神、视野、处事能力、认知能力等。夫妻二人要不断地自我反省和自我修炼，才能向着自己确定的方向积极成长。

情感寄语

现实中，无论婚前两人感情多么好，在婚后都会无可避免地进入一段平淡期。其实，之所以平淡，就是夫妻双方疲于经营。好的婚姻，是经营出来的。如果认为婚姻生活，可以减少维持、少去复杂的沟通和交流，就能过得轻轻松松，你就大错特错。那些你偷过的懒、躲过的闲，最终换来的只是另一半的失落与绝望，最后婚姻的破灭是不可避免的。

婚姻篇
余生都是你

Hun Yin Pian

第六章

幸福的婚姻需要夫妻双修

Di Liu Zhang

有人说，世界上没有不幸的婚姻，只有不幸的夫妻。而不幸的夫妻，最缺乏的就是修行。这才是婚姻幸福的秘诀。的确，幸福的婚姻，是需要夫妻共同去创造和实现的。缺乏任何一方的努力，都将难以白头偕老。夫妻双修，是婚姻幸福的重要法则。

最好的爱情，
就是共同成长

L O V E

曾经，有不少“粉丝”问过我这样一个问题：什么样的婚姻才算是最好的婚姻？什么样的婚姻是最坏的婚姻？

其实，我觉得回答这个问题并不难。最好的婚姻，就是夫妻二人能够一起进步、一起奋斗，一起在相守的时光中并肩前行，成为更好的自己。最坏的婚姻，就是在一起的两个人，一个人在不断努力向前奔跑，而另一个人却在原地踏步，甚至停滞不前。殊不知，当一方在原地不动、停滞不前时，与另一方奋力向前奔跑、为幸福的生活和美满的婚姻不懈努力相比，其实是在退步。这样，夫妻之间的距离会越来越大。久而久之，彼此之间原本浓烈的爱情，也会因此而产生隔阂，婚姻也会因此而变得岌岌可危。一旦这种差距越过临界点，那么婚姻就会随之土崩瓦解。

有个“粉丝”向我抱怨，说自己和丈夫原本十分恩爱，两人为了能够给孩子拼一个高起跑线，在工作上十分拼。三年里，两人每年都被各自的公司评为劳动模范。在她生了孩子之后，由于当时结婚买的房子是一室一厅的小户型，而双方父母在农村，来了又没地方住，所以照看孩子的事情，只能落在了她一个人身上。此后，她主内，丈夫主外。丈夫十分心疼她，让她最近几年都不用工作了，他赚钱养她，让她只负责照顾好家人和貌美如花就好。

转眼间，孩子上了小学，自理能力也逐渐提高了，已经过了事事需要她照料的年纪。她每天除了接送孩子，做做家务，剩下的时间就是与闺蜜聊天、逛街、做美容。然而，这几年里，丈夫向前奔跑的脚步却一直没有停，无论是学识、思维、见地，还是能力，都有十分明显的提升。就连他的职位，也从最初的公司职员，一步步被晋升为部门总经理。

丈夫每天都在自我提升、自我成长，而她却没有了人生方向，也磨灭了最初的斗志。不用工作的日子里，她感受到了无比的惬意和轻松，她也逐渐热衷于享受这种感觉，对于当前这种生活和现状自我感觉良好。

然而，没想到的是，这种惬意和轻松的背后，潜藏的婚姻危机。还记得，在刚结婚的时候，丈夫有工作方面的问题时，都会与她一起讨论，她还会给丈夫很多有用的建议。可是如今，每当丈夫和她聊一些事情时，因为她已经“不问工作”好多年，她的回应只有“嗯”“哦”。久而久之，丈夫觉得她现在不思进取，已经与社会严重脱节，自己说什么也是白说。索性，丈夫就不再和她谈任何有关工作上的事情，而在有问题时，与他的情商、智商、学位“三高”的女秘书聊。

丈夫与女秘书日久生情。丈夫越来越觉得女秘书善解人意、思维敏捷、积极进取，是自己喜欢的类型，也因此厌倦了她。后来，干脆告诉她自己喜欢上了别人，向她提出离婚。

她认为丈夫喜新厌旧、移情别恋的行径十分可耻。但又觉得这样被丈夫抛弃十分不公和不甘心。问我该怎么办?

对于整件事情的前因后果，我认真分析过，她的丈夫移情别恋，有很大一部分原因，是因为她的不思进取、自甘平庸造成的。这是她与丈夫感情逐渐开始降温的症结所在。

其实，她根本没有意识到夫妻之间共同进步的重要性。如果两个人思想、观念差异太大，即便当初两人是别人眼中的天造地设的一对，也禁不住岁月的打磨。有多少夫妻像他们一样，最终走到了劳燕分飞的地步?

杨澜曾经说过这样一句话：“婚姻最坚韧的纽带不是孩子，不是金钱，而是精神上的共同成长。”我很赞同这个观点。聪明的女人，即便做了家庭主妇，也会做一个经济独立、能和丈夫“并肩作战”的女人。这样的女人，能够得到丈夫更多的依赖，这种依赖不仅仅是家庭方面，而且还包括工作方面。女人在决定成为家庭主妇的那天起，千万不要把自己定位为一个简单的被家务所累的家庭主妇，而是要成为一个精英男人的“贤内助”，帮助丈夫在工作上做力所能及的事情，实现共同成长、共同进步。

要想得到某种东西，最好的办法就是先让自己配得上它。婚姻中，夫妻之间又何尝不是？唯有自身独立和成长，才有足够的底气，与你的爱人并肩同行。

明白了这个道理后，我的那位“粉丝”清醒地认识了自我，并重新振作起来。她找了一份从基层开始做起的工作，虽然目前工资不高，但她干劲十足，也给自己定了目标。随着自身的不断提升，再加上深度的沟通，她的丈夫也看到了她的努力和进步，对之前的移情别恋表示自责。如今，他们又能够像以前一样分享各自的工作趣事，还有对事业和家庭的美好憧憬。前不久，她打电话告诉我这个好消息，我打心底替他们高兴。她说：“经过这件事之后，她明白了一个道理：以前我总以为，他能宠我、养我一辈子。现在才明白，深度索爱，不但是在消耗他，也是在消耗我自己。”

多么透彻的领悟！所以，在糟糕的事情发生之前，一定要事先明白这个道理：彼此成就，共同成长，这才是最好的婚姻。

情感寄语

在婚姻里，两个人就像是天平的两端。任何一端发生变化，都会影响整个婚姻的平衡。要想让这种平衡不被打破，最稳妥的办法，就是与另一半共同进步。

守得住彼此的底线，才能守得住婚姻

LOVE

每个人都有自己的底线。所谓底线，就是一个人待人接物最低的标准。婚姻中，无论哪一方，如果不停地降低自己的底线，只会让彼此之间的感情进入一种非良性的相处模式。在这种模式下，放弃底线的一方，只能不断地付出和容忍，而另一方却因此而越发地认为理所应当和变本加厉。

我认识一位女士，她说他与丈夫相恋时，因为他长相出众，又招很多女生的喜欢，所以是她先主动追求的丈夫。在恋爱时，两人约会，她总会精心打扮一番，想要为他展示自己最好的一面。他和朋友打篮球，即使她觉得看球真的很无聊，也从不会缺席任何一场球赛，而且会在一旁拍手、递水。他认为她温柔恬静、可爱懂事，是心中幻想的女孩最好的样子。

结婚后，她觉得丈夫工作优秀，长相俊秀，内心其实是极度忐忑的。她总是努力做一个乖巧懂事的妻子，甚至有时候在刻意讨好和取悦对方。

丈夫加班无论多晚，她都会做好饭菜等他，即使她等得焦躁不安也不会打电话催促。丈夫不爱吃辣，而她作为一个无辣不欢的人，却放弃了自己的喜好，每顿饭都做得十分清淡。这样的饭菜，她每顿都吃得索然无味。每次说好出去看电影，她喜欢看爱情、科幻片，而丈夫却喜欢战争片。她每次都是在枪炮声中苦熬。

她感觉自己在这场婚姻里像是在演戏，演着演着，连自己原本是什么样子都不记得了。她为了丈夫，竭力塑造那个完美的自己，这让她感觉无比辛苦。

有一天，她感觉身体不舒服。丈夫很晚才回来，她就没给丈夫热饭，丈夫生气地说："你现在越来越不贤惠了，饭都不给我热？"有一次看电影，战争片的票卖完了，她最后买了爱情片，等到播放时，丈夫责问道："你不是也喜欢看战争片吗？今天怎么想的？竟然买成了爱情片？"

她终于发现，原来婚姻不是靠取悦和妥协可以维系的。

当她告诉我她所经历的这一切时，我替她感到庆幸，因为她明白了夫妻之间正确的相处之道：那就是在婚姻中，无论如何都不能放弃自己的底线。事实上，击垮婚姻的看似是"没有热饭”“买错电影票”，但实际却是对方理所应当地享受伺候、自我需求得以满足的态度。

当爱情进入婚姻阶段，夫妻双方的角色、心态都会发生变化，彼此间如果打破底线，就意味着要在婚姻中承受更多的不堪和隐忍。同时，婚姻还会因此出现不对等关系。最后，只能将婚姻陷入暗礁之中，随时都有可能面临触礁的危险。

夫妻双方能守得住彼此的底线，才能守得住幸福的婚姻。那么如何才能守得住自己的底线呢？有以下两点建议：

1.亮明底线

在婚姻里，只要你放弃自己的原则，做出几次妥协，就成为对方眼里的理所应当，也便从此失去了自己本该有的权利。一旦你不愿继续妥协，便成为对方挑理的借口。所以，不如一开始就亮明底线，坚守自己的阵地。当你偶尔不按底线出牌的时候，反而让人对你产生感激之情，认为你通情达理。亮明底线，不仅是对自己负责，也是对自我权益的维护。

2.认清彼此的底线

好的婚姻，不是不能争吵，而是在争吵之后，夫妻双方能够认清彼此的底线。基于此，彼此都能在不触碰对方底线的情况下，用彼此喜欢的方式生活。这样的婚姻才能长久地幸福下去。

情感寄语

婚姻中，夫妻最容易犯的错误，就是不自知地迎合对方。殊不知，你的有求必应，总会有一天变成理所当然；你的百般纵容，总会有一天变成本该如此。很多时候，并不是你做得不够好，而是因为你丧失了自己的底线，让自己变得成了一个软弱可欺之人。

男人与女人的快乐相乘等于十分快乐

L O V E

生活中，夫妻之间相处久了，就会发现，自己为对方付出了很多，甚至可以讨好对方，可是对方对你的苦心并不领情，反而还会生出不满。其实，你有没有想过，对方真正需要的是什么？是什么东西能让他快乐？

其实，婚姻中，不论男人还是女人，他们想要的快乐十分简单，只要你能了解他们的情感需求，并投其所好，夫妻之间的关系自然而然会变得亲密很多。

1.男人的情感需求

男人的情感需求，主要是：

（1）被允许

在生活中，男人总是希望能够自由地做自己想做的事情，约三五好友出去打球、安静地坐在那里打游戏、全身心地投入工作、与同事应酬聚会等。他们希望能够没有任何约束地享受放松、忙碌，而不是处处被限制。所以，女人不妨适当给男人一些被允许的机会，他们会因此而倍感快乐。

（2）被支持

都说男人有泪不轻弹、坚硬不可摧，但再强大的男人，也有脆弱的时候。在男人犹豫不决的时候，在事业处于低谷的时候，在情绪受到打击的时候，最需要的是女人的支持。在这个时候，女人如果能在丈夫难过的时候给他依靠，给他一个温暖的怀抱，这种无言的举动，会在精神上给予丈夫莫大的支持和鼓励。或者女人能够通过自己的独立思考，想办法帮助丈夫走出困境，丈夫会感觉自己此生有你，无比快乐，无比荣幸。

（3）被认同

男人在女人面前，总是喜欢扮演一个强者的身份，渴望得到女人的赞美和认同。所以，聪明的女人，一定要懂得在适当的时候装傻，给男人展现聪明才智的机会。男人只有在被需要的时候，才会做出更多的情感投入。此时如果对他们的行为表示认同，对他们的执行结果进行赞美，他们会因为自己能得到妻子的赏识和夸赞，而感觉很有面子，很开心。

（4）被忠诚

没有哪个男人可以容忍自己的妻子背叛自己。在婚姻面前，他们要求妻子对自己要绝对的忠诚，眼里揉不进一粒沙子。所以女人不想自己的男人难过、伤心、失望，就一定要让他们有强烈的被忠诚感。

2.女人的情感需求

在婚姻里，女人同样有情感需求。但女人和男人是两个不同的个体，在思维模式上会有所不同，因此，女人和男人的情感需求也是有一定区别的。主要体现在：

（1）被关爱

女人在结婚后，将自己的全部都奉献给了家庭，但她们想要的回报其实十分简单，就是希望能够得到丈夫的关爱和宠爱。这也是为何，很多女人在受到委屈的时候，都会说一句话："其实我只是想让你多关心我一下，多爱我一点。"男人在婚姻生活中，要多表达对妻子的爱，让她时刻感受到你对她的爱，女人会非常享受这种被关爱的感觉。

（2）被理解

女人心甘情愿的为家庭操劳，做家务、照顾全家人的起居，负责赚钱养家，负责孩子的教育，但女人最害怕的是自己的付出得不到丈夫的理解。所以，男人要多向妻子表达自己对妻子的理解，对妻子的付出要表示感激，这样女人再苦再累，也都是开心的，认为一切都是值得的。

（3）被尊重

婚姻中，夫妻双方是一种平等关系。但很多女人在婚后做了家庭主妇、全职妈妈，因为没有工作，没有收入，就不被丈夫尊重，她们对整个家庭的付出也被丈夫无视。这使得一个原本开朗的女人逐渐变得少言寡语，如果对这种不公抱怨几句，便立刻被丈夫说成是怨妇。其实，女人的快乐很简单，她们对被尊重的渴望是十分强烈的。如果让她们感觉在家庭中能够与丈夫以平等的地位相处，她们必定会感到十分开心。

（4）被忠诚

正如男人一样，女人也希望男人对自己忠诚。性格正直的人，往往为人也是心地善良。他们具有良好的素养，无论做什么事情都能坚持自己的原则，做事有底线，不会轻易改变。将自己的一生托付给这样的人，内心会感觉踏实很多。

（5）浪漫

所有的女人都喜欢浪漫的事情。她们嘴上说“玫瑰花太贵”，是因为她们希望家里的每一分钱都能花在刀刃上。但她们内心对于玫瑰、红酒这些代表浪漫的事物还是十分期盼的。所以，男人要懂得为自己的女人制造浪漫和惊喜，在她们的生日或者纪念日，为她们买礼物，或者做一顿浪漫的晚餐……这些都能让女人感到无比的开心和快乐。

夫妻之间，情感需求是需要相互满足的。所以，在了解自己情感需求的同时，也要了解对方的情感需求，以对方喜欢的方式，给对方需要的情感需求，双方的快乐相乘，就等于十分快乐。

情感寄语

其实生活本来可以很简单，日子本来可以过得很幸福。只需要夫妻双方多顾及对方的感受，多些包容和理解，经常换位思考。这样，彼此的情感需求就能得到满足，家庭里就会充满欢声笑语。

婚姻中，男女要学会换位思考

L O V E

没有谁的婚姻是轻轻松松走过来的。谁的婚姻里都有委屈，但既然已经踏进去了，那么接下来要做的事情，就是考虑如何才能经营好这段感情，而不是受了一点委屈，就想着怎么逃离和回避。

婚姻中，夫妻双方都要明白“换位思考”的重要性。

有一个“粉丝”，我们在聊天时，他向我讲述了自己的婚姻故事：

他与妻子相识相恋，最后到结婚，都让他无时无刻不体会到爱情所带来的甜蜜与温馨。但婚后，他和妻子之间总是矛盾和冲突不断。

自从妻子生完孩子之后，不知道为什么，他的妻子突然从一个善解人意的女人，变成一个蛮不讲理的女人。

一天晚上，他躲在书房里打游戏，突然间妻子进来了，看到他在打游戏，直接将手里热好的牛奶，连奶带碗地摔在他的电脑上。他很生气，就跟妻子吵了起来，甚至一度吵到要离婚。其实他们两人的感情，从恋爱到结婚，一直都很好，很少红过脸、拌过嘴，更不用说离婚。但这次，他实在是觉得妻子的行为举止太过分了，所以决定搬到公司宿舍去住一阵子。

就在他收拾好东西，准备要出门的时候。突然，妻子发来了信息，内容是：你能不能留下来陪我一天？我干什么，你就干什么，不多，只要一天就行。

他想了想，答应了。但不到半天工夫，他就感觉自己快要崩溃了。他从来都不知道带孩子如此辛苦，几乎每隔几个小时，就要喂一次奶，就连晚上睡觉也不例外。大半夜，自己困得十分厉害，却要起来给孩子喂好几次奶，还要给孩子换尿布。孩子哭了，也需要哄，可是有两次怎么哄，孩子还是哭个不停，他内心又急躁，又崩溃。好不容易把孩子哄睡着了，刚准备要把孩子放下，孩子又醒了，并哭个不停。

经过这一天的时间，他才真正意识到妻子的不容易。原来，他一直以为妻子每天在家就是简单地照顾一下孩子，给自己做个饭。而他总是认为自己才是那个不容易的人，每天工作又苦又累，还要应酬客户。如今，他明白，自己错了。他感到十分愧疚。

婚姻中，男女之间的感情，是需要相互理解才能维系的。我们会发现，有些夫妻相处的时候，只会顾及自己的感受，从来不为对方考虑。有的人，则经常在自己的兄弟、闺蜜面前抱怨自己的另一半，说出他们不好的地方。这对于夫妻关系的维护，是十分不利的。

如果女人无法体会丈夫的累，男人无法感受到妻子的苦。那么这样的婚姻是最可怕的，两个人就会越来越疏远，甚至将婚姻一步步推向失败的境地。婚后生活需要一段时间来磨合，在这个过程中，夫妻双方要懂得换位思考。生活中，磕磕绊绊在所难免。但夫妻双方如果能多站在对方的立场上，体谅和懂得彼此的不容易。那么久而久之，彼此在做任何事情和决定之前，都会设身处地地为对方思考，如果自己是对方，会是什么感受。这样，彼此之间的矛盾、偏见、误会也少了许多，取而代之的是更多甜如初恋般的感觉。

不是每个人都能把婚姻经营的完美无瑕，但是我们可以将它经营得更加美满和幸福。很多婚姻失败的人，认为婚姻就是爱情的坟墓。实际上，婚姻也并不像人们想象的那样沉重，用情恰当、用对方法，婚后生活才能过得有滋有味。而感同身受，则是夫妻相处的最高境界。

情感寄语

在与自己的另一半相处时，要学会从不同的立场，去思考遇到的问题。你会发现，懂得换位思考的夫妻，感情多半会比别人甜蜜很多。

正确吵架
可以增进感情

L O V E

婚姻生活不光有美好的事情，也有糟糕的事情。在婚姻生活中，夫妻之间难免会因为意见相左而发生争执。争吵过后，双方的感情会受到影响：一种是破坏两人的亲密关系，甚至还会因此而彼此积怨，最终一发不可收拾，导致情感破裂，分道扬镳。另一种是增进两人的感情，夫妻之间更加亲密。

夫妻之间吵架，也是需要一定技巧的。那么如何才能在吵架中增进彼此之间的感情呢？有以下几点建议：

1.做好情绪管理

如果两个人陷入不理性的争吵状态中，就需要彼此做好情绪管理。强行让自己深呼吸三次，数十个数，当自己冷静下来时，要认真思考一下，到底自己愤怒的背后是什么？是失落？

是绝望？还是不满？还是其他负能量的东西？

很多时候，人们会将自己的坏情绪宣泄给周围的人，而这种坏情绪会产生连锁反应。当这种坏情绪不断传递出去和回传进来时，氛围就会变得十分糟糕，一场情绪大爆发无可避免。彼此给对方带来的伤害，也是十分巨大的。所以，在这种情况下，首先要做的就是管理好自己的情绪，不以对方作为坏情绪的宣泄出口。

2.就事论事，不提旧事

在吵架的时候，要就事论事，不牵扯其他；要让旧事翻篇，不让争吵无休止。两个人吵架，每次都有引发吵架的原因。但很多夫妻之间吵架，总会因为眼前的一件事，而逐渐延伸到以前的诸多事情上来，还会将很多无关的人牵扯进来，从而使得这场舌战愈演愈烈，彼此之间的矛盾也因此变得越来越深。长此以往，两人的感情会被这无休止的战争而慢慢耗尽。

3.不要用语言重伤对方，更不要说离婚

语言虽然看上去不像刀剑一样锋利，但其杀伤力完全不亚于锋利的刀剑。如果在争吵的过程中，用一些侮辱性和欺凌性的语言来重伤对方，这对对方来讲，是极大的侮辱；如果在吵架的时候，轻易就将“离婚”脱口而出，会很伤感情。这样只会让对方情绪沮丧，导致家庭氛围变得紧张起来，对于你们之间的亲密关系的培养十分不利。聪明的人，会在与另一半争吵

的时候，想办法用“糖衣炮弹”搞定对方，并且用幽默的语言去化解紧张的氛围。在吵架的时候，要学会用点小技巧，既能让自己吵赢，又能让对方越来越爱自己。

4.吵完架之后要学会主动低头

夫妻之间吵架，吵得是彼此的情绪。但吵架的目的，是为了发现问题，解决问题。吵完架之后，要学会主动低头、妥协，与对方沟通、和好。

我曾经遇到过这样一件事：

有一次，我和朋友在一家咖啡馆里聊天，不知何时，对面有一对夫妻吵了起来，但他们的声音并不是很大。妻子说自己当初瞎了眼看上了对方。而丈夫则说妻子是泼妇，不可理喻。所有的不理智争吵都像这对夫妻一样，吵架浓烈，却不着边际。

但是，不一样的是他们吵架后的处理方式：吵完后，两人安静了，各自喝自己的咖啡。过了一会儿，咖啡快喝完的时候，丈夫主动凑过来，推一推妻子的手：“怎么还生气呢？咋气性这么大呢？”妻子则依旧生气不理丈夫。丈夫眼睛睁得大大的，盯着妻子，妻子问：“干吗盯着我看？”丈夫回答：“我老婆气鼓鼓的样子都这么好看！”这时妻子多云转晴，顿时高兴地乐开了花。随后，两人有说有笑地离开了。

吵架的最高境界，就是来时如暴风骤雨，去时天高云淡。生活中，能这样吵架、能通过吵架增进感情的夫妻，真的很少。

情感寄语

每一份爱情都来之不易，不是所有人都能遇到自己所向往的美好爱情。所以，对待一份感情，一定要分外珍惜。不要因为一时的冲动，就与对方争吵，用语言伤害对方。其实，吵架是把双刃剑，正确地使用，可以让彼此之间的感情更加牢固。婚姻就要越吵越暖，因为那是爱的温度。

家庭篇
此生与你相伴

Jia Ting Pian

第七章

掌握夫妻相处之道，提升家庭幸福指数

D i Q i Z h a n g

列夫·托尔斯泰说了这样一句话：“幸福的家庭都是相似的，不幸的家庭各有各的不幸。”其实，家庭的幸福与否，全在于夫妻之间如何相处。夫妻相处融洽，生活幸福感会倍增；夫妻不和睦，家庭危机会随之而来。

家庭生活需要仪式感

L O V E

不少人将婚后的日子过得平淡无奇，激不起一丝波澜。夫妻双方也因此感觉婚姻生活索然无味。但在这样平淡的生活中，我们都需要想方设法增加一份恰如其分的仪式感，去度过这平淡的日子。

什么是仪式感？仪式感就是人们表达内心情感最直接的方式。简单来讲，就是要把单调的生活，赋予一定的庄重而有程序的生活态度。生活有了仪式感，能让夫妻心怀希望。增加对生活的热爱，对幸福的重视，对自己的重视。

这种仪式感，与物质基础无关。这就像我们上学时，开课前班长的一声“起立”；就像春节时，门上帖的一副副春联；就像是开运动会时，举办的开幕典礼……

话题回归到夫妻家庭生活当中。夫妻之间的仪式感，可以小到每天早上醒来亲吻对方的额头并道一句“早安”、出门前的相互拥抱、逛街时的手牵手、做一顿浪漫的烛光晚餐、对方过生日时写给对方的一张小卡片、情到深处时的一句“我爱你”……仪式感从来不应该被物质化，用心才是仪式感的核心和灵魂。这些小小的浪漫仪式，虽然简单，却能让对方感受到此刻你对她的浓浓的爱，并享受当下的美好和对彼此的爱恋。这样的仪式感，就像强心剂一般，能够强化夫妻之间的亲密度，让彼此都对这份感情拥有足够的信任和安全感。这便是仪式感的神秘之处。

一天，有个“粉丝”给我发私信，说出了自己的情感经历和感受：曾经，他与妻子爱得轰轰烈烈、如胶似漆。但随着孩子的到来，两人之间的交流越来越少。他觉得这样的生活太过平淡无奇，甚至觉得两个人的爱已经没有了。虽然他还一直延续着一种习惯，就是每个纪念日都会送妻子礼物。但渐渐地，他竟然觉得，送礼物这样的事情也成了一种形式。所以每次挑选礼物时，他逐渐变得不用心了。终于，他实在无法忍受继续过这样平淡无奇的生活，想要和妻子离婚。但妻子不同意。

我认为，这对夫妻之间日子过得平淡，甚至想离婚，是因为他们的生活中缺乏仪式感。我给他的妻子出了一个主意，让他的妻子照着做，希望通过仪式感能唤起丈夫一颗火热的心。他的妻子向他提出了一个请求：“接下来的这一个月，你能按照我的要求来就好了。”他同意了。第二天，他正准备出门去上班的时候，妻子走到他面前，让他抱一下她。晚上吃完饭的时候，妻子让他牵一下她的手。晚上睡觉时，妻子让他对她说一句“我爱你”。虽然他犹豫不决，但还是照单全做了。就这样，夫妻二人的生活就这样周而复始着。渐渐地，夫妻二人的笑容多了起来。随着时间的流逝，他越来越意识到，以前自己忽略掉了妻子对他的关心和爱，如今再一次感受到了。原来不是两人不爱了，而是忘记了如何去爱。

有一天，公司一位同事打算向女友求婚，问他该怎么做。他把自己当初求婚的经验传授给同事：手捧鲜花，单膝跪地，对女友说每天都要亲吻她、拥抱她、牵她的手，每天都要说“我爱你”三个字，问女友愿不愿意嫁给自己。后来，自己求婚的一幕幕全部浮现在他眼前，他控制不住自己，径直地跑回了家。回到家中，主动抱住妻子，亲吻了妻子，跟妻子说了句“我爱你”。此后，两人便和好如初。

仪式感可以让两个相爱的人，在小矛盾和小恩怨面前，相互包容和妥协，让他们知道简单的仪式背后，是满满的爱。很多人的生活之所以平淡无趣，就是因为缺乏了仪式感。让生活变得快乐的方式有很多种，仪式感就是其中一种。

在家庭生活中，夫妻双方要注重打造仪式感，让平凡的生活变得有趣而生动，让夫妻之间的生活变得充满了惊喜和期待。基于此的婚姻生活，才能走得更远，走得更久。

情感寄语

家庭生活需要仪式感，它会让夫妻二人在平凡又琐碎的日子里，找到诗意的生活，找到不断推动整个家庭向前的动力。所以，无论生活将你打磨得多么疲惫，夫妻之间都必须保持仪式感。

家是多谈感情少讲道理的地方

L O V E

生活中，夫妻之间吵架，经常要分出个对与错。家庭中，如果只讲道理，这个家庭不会幸福，即使赢了道理，却输了感情。

这里我分享一个案例。这个故事的主人公，就是因为吵架中丈夫只认死理而闹到了离婚的地步。她结婚快八年了，在这段婚姻里，她的丈夫是一个不折不扣地、只会讲理的人，没有一点人情味。以前，她和丈夫意见相左的时候，都是听丈夫的，她的丈夫从来都有理。而最近，因为一件事，她没有让她丈夫占理，却被丈夫打了。

之所以被丈夫打，是因为前段时间全家一起出去游玩时发生的一件小事：那天天气很好，她和丈夫带着两个孩子去公园游玩。她和大宝走在前面，丈夫和二宝跟在后面。随后，二宝为了赶上她，便摔了一跤。丈夫并不认为是自己没带好孩子，反而对她大声呵斥，表示因为她走得太快，孩子为了追上才摔跤。

她认为丈夫是“猪八戒倒打一耙”。公园里有那么多人，丈夫骂她骂得特别难听，她气得大声回骂，二宝在一旁大声哭着。她感觉在公园里把脸都丢尽了，抱起二宝赶紧回家了。

然而，回到家里，这场争吵还并没有结束。丈夫非要让她承认错误。然而，她觉得一直以来都是自己迁就对方，今天这样的事情实在让她忍无可忍。于是，她坚决不承认是自己的错。丈夫看她没有承认错误的意思，居然动手打她。如果她当时求饶的话，或许他会住手，但她并没有。丈夫拳打脚踢，把她的脸打肿了，胳膊也踢得青一块紫一块。到最后，丈夫打她打累了，终于停手了，居然还说要离婚。她说离就离，说完便回了娘家。

后来，丈夫恢复了理智，向她道歉，她并未原谅他，而是选择了离婚。

许多时候，夫妻之间不能像其他关系一样可以讲道理。在家里越想说清楚谁对谁错，就越难说清楚。夫妻之间相处，就好比是两个刺猬，要想靠近，相互取暖，就要把每个人身上的刺拔掉一些。两个人，对同一件事情，各有各的看法，如果总是认死理，没有相让和妥协，最终往往以离婚收场。

对于一个家庭而言，生活的主线，是情感交流。当理性和感性产生碰撞时，千万别讲道理，要讲感情。倘若夫妻之间能够相互忍让，那么家庭生活就能变得和谐很多，夫妻之间的感情也就能长盛不衰。

如果你认为家是一个讲道理的地方，要么你还没有结过婚，要么你还不够爱你的另一半。夫妻之间相处久了，你会发现，男人吵的是理，女人吵的是爱。到最后，男人觉得女人不讲理，女人觉得男人不爱自己。在男人的世界里，认为女人无理取闹，不可理喻；在女人的世界里，认为男人只讲理显得十分无情，她们只希望家里有更多的爱。其实，夫妻之间吵架，双方都是输家，没有赢家。

鬼谷子说过这样一句话："说者听，必合于情，故曰，情合者听。"这句话的意思是：你讲的道理能让别人听进去，是因为你所讲的东西，一定能让对方感觉到你们彼此之间是情投意合的，而不是你讲了多么高深的大道理。所谓的"合情"，就是同理心。总之，一定要与对方产生情感共鸣，把话说到对方的心坎里，这样你所说的，别人才会认为句句在理，自然而然会认为你说的是对的。

如果她的丈夫，当时能够说一句："亲爱的，二宝这么爱你，一路追着你的脚步，你可以走慢点等等他。"想必，当时她会觉得丈夫说得很对，当即就会感到愧疚和自责，承认自己没有顾及二宝的感受，是自己的错。如果当时丈夫这么做了，或许夫妻二人也不会最终选择离婚。

情感寄语

聪明的人，在与爱人遇到分歧时，不会轻易生气，而是会想尽办法，化解彼此之间的紧张氛围，会以一种轻松愉快的方式化解难堪的局面。家庭生活中，一定要给彼此更多的温情，夫妻关系才会良性循环。

夫妻相处需要呵护也需要包容

L O V E

俗话说："海纳百川，有容乃大"。人与人之间相处离不开诚信和包容，夫妻之间相处也不例外，不但需要呵护，而且需要包容。

即使最幸福的婚姻，一生中也会闪现离婚的念头。夫妻之间相处，时间久了，就会发现彼此越来越多的缺点，再加上彼此意见有分歧，吵吵闹闹在所难免。但幸福的婚姻，之所以幸福，就在于夫妻双方在相处的过程中，既有对对方深深的爱恋，又有对对方的百般呵护，但仅仅这些还不够，还需要彼此的包容。

夫妻之间，是这个世界上最亲密的两个人，懂得包容的人，日子多半过得很幸福。

有一次，我在“粉丝”群发起了一个话题：幸福的婚姻，夫妻该如何相处？答案有很多，但大部分答案是夫妻之间彼此疼惜和关爱，只有很少几个人表示需要理解和包容。其中有一名“粉丝”主动分享了自己身边的故事：

“我表姐结婚快五年了，表姐和表姐夫的感情很好，虽然有时候也会拌拌嘴，但次数却很少。我和几个表妹都很羡慕他们，他们是如何做到和睦相处的？最近，我才开始懂了。前几天，我要到市里参加公务员面试，由于面试地点离我表姐家挺近的，我就打算头一天晚上住到她家，第二天可以不用起得那么早。

本来表姐和表姐夫约好，下班后一起吃饭，到了晚上八点，表姐夫还没有回来，表姐发了微信，但一直没有得到回复。表姐给表姐夫留了一些饭，便叫我和小外甥先吃。

等到大家睡觉的时候，表姐夫还是没回来。晚上十二点多的时候，表姐听到了开门声，就立刻爬起来，果然是表姐夫回来了。我迷迷糊糊地听到，表姐轻声问表姐夫是否吃饭了，之后就忙着去厨房给表姐夫热饭菜。之后，表姐陪着表姐夫吃完饭，两人才一起回了卧室。

第二天，表姐夫一大早就出门了。我就问表姐，你对表姐夫真好，你们是怎么做到和睦相处的？换我的话，另一半那么晚没回家，发信息也不回，我肯定是要‘炸锅’的。表姐笑了笑，她告诉我，表姐夫是做程序的，平时工作都很忙，经常需要加班到很晚。表姐十分理解表姐夫，而一直没有回信息，一定是在忙，没时间看手机。表姐认为表姐夫很辛苦，而自己作为妻子，对表姐夫多些关心、多些包容，是应该的。”

的确，婚姻中夫妻相处，一定要清楚地认识到，或许另一半并没有你想象中的那么完美，但是你一定要学会包容对方。因为，只有学会相互包容，夫妻二人在婚姻这条路上才能走得更加长远。

我曾经调解过这样一段情感纠纷：在结婚前，丈夫与妻子各自所处的家庭条件都不好，两人结婚，可谓典型的糟糠夫妻。为了维持家庭生计，丈夫每天在外面打零工，靠出卖苦力为生，有时候给人搬货物，一天要搬20吨。虽然很累，但丈夫认为这是一个大单子，累也很值。而妻子结婚生了孩子后，就再也没有工作过。

在一起生活的过程中，妻子看丈夫身上有很多问题令自己很不舒服，如不爱洗脸、不爱洗脚、还抽烟，一张口一股烟臭味袭面而来，而且赚钱又少。诸如这些问题，妻子认为丈夫不但懒惰，还没出息。而丈夫却觉得妻子没有尽到一个妻子应有的责任，每天在家里只负责照看孩子、做一些家务，根本不像自己那么累，而且每次一不开心的时候，还会动手打自己，埋怨自己。丈夫觉得他与妻子的日子过得看不到希望，也丝毫没有激情。于是，丈夫提出了离婚。但妻子考虑到自己很多年没有出去工作，很难融入社会，也难找到适合自己的工作。所以，她不希望离婚，不希望失去丈夫这个经济支柱。

其实，这对夫妻的心从来没有走到一起过，他们从来看不到对方的付出，也从来没有心疼过彼此，不理解对方在生活中的各种不容易，更没有用一颗包容的心去对待对方。丈夫没有意识到，妻子为自己生了两个孩子，天天带孩子，干家务的不容易；妻子也没有想过，自己的丈夫每天在外面干着最苦、最累、最脏的活，甚至丈夫在外面搬了20吨的货物，妻子都不知道让丈夫睡个好觉。我认为，如果夫妻二人还对彼此有爱，那么不妨尝试让彼此体谅包容对方。如果丈夫能体谅到妻子的不易，面对妻子的埋怨，就会一笑而过。伸手不打笑脸人，妻子也会停止对丈夫的攻击。如果妻子能体谅到丈夫的付出，能够包容丈夫，就会在丈夫一进门时，端出一盆热水，让丈夫泡泡脚，解解乏，吃完饭，好好休息，那么夫妻之间的情感也不止于此。

婚姻中，夫妻过日子，每个人有不同的饮食习惯、不同的品位等，这些都是正常的，而且没有特定的标准，不能认定谁对谁错。两个人，既然选择成为夫妻，就应当接纳对方的所有，包括兴趣、爱好、习惯等。世界上没有哪两个人的思想、观念和行为是完全一致的，也没有谁是一个十全十美的人。如果对方有什么毛病是自己不能接受的，不妨站在对方的立场上，分析造成这些毛病的根源。当你发现这些毛病背后的真正原因后，你才能真正体会到对方的难处和不易，这样你才能真正发自内心地包容对方。

如果强行要求对方和你一样，非要让对方做出改变，或达到你想要的标准，直到你满意为止，那么强扭的瓜不甜，最终只能是两败俱伤；如果彼此各退一步，互相包容，感情才能长久。夫妻之间的相处之道，贵在包容。

情感寄语

每个人对婚姻都有着很高的期待，但婚姻生活是靠夫妻二人共同过出来的，而不是靠美好的幻想堆出来的。夫妻之间相处，会遇到各种各样的问题和不如意。这个时候，你应该明白，懂得包容的人，多半会过得很幸福。

男女搭配，干活不累

L O V E

家本身是一个温暖的港湾，是爱的归宿。夫妻二人在一起，最重要的并不是非要过锦衣玉食的生活，不是非要有用之不尽的财富。而是即便没有锦衣玉食，也能让家庭充满欢声笑语；即便没有大富大贵，双方也能和睦相处。

婚后生活，是由一件件琐碎的事情组成的。让家庭温馨和睦的关键，在于你做饭，我洗碗；你拖地，我洗衣；我抱孩子，你逗乐子……好的婚姻，就是家庭生活中，夫妻二人能够融洽相处，一起赚钱养家，一起做家务活，一起慢慢变老。

我不得不否认，有部分男人对女人存在偏见，甚至连女人自己，都会认为做家务、照顾孩子，是一个女人应尽的职责，而男人做这些很丢人。日常生活中，饭一起吃，屋子的地板谁都走，衣服是自己穿脏的，孩子是两人共同的结晶，为什么要把所有的事情都交给妻子来做呢？妻子难道是家里请来的免费保姆吗？婚姻法里也并没有明文规定，家务活就是女人应尽的责任。既然夫妻二人是家庭生活中的成员，那么作为家庭中的一员，就应当荣辱与共，好的与坏的，都要共同承担。共同分担家务，共同照顾孩子，这才是婚姻能够持久的方式。

有一次，我去一位朋友家里吃饭。刚进门，就看到她丈夫系着围裙，端着一盘菜摆在了桌上。我边走进客厅，边跟朋友说："你丈夫在厨房一个人忙，不用招呼我了，快去帮他忙吧！"没想到，她顺口来了一句"结婚这么多年，买菜、洗菜、切菜都是我的工作，炒菜和洗碗都是我老公来做。我们也都习惯了。没事，他自己能搞定。因为他说，大厨都应该是男人来做。"

说话的功夫，她丈夫又端来一盘热气腾腾的菜，笑呵呵地跟我说："炒菜这种事情，不适合女人，油烟容易伤女人皮肤，使皮肤变暗黄、变粗糙，就应当让我这种糙老爷们儿去做。再说，家务本来就应当夫妻共同承担。这个家也有我的一份，我有责任和义务与老婆一起经营好这个家。你说对不对？"多么暖人心头的话语！难怪朋友和丈夫一直那么甜蜜和温馨。

温馨的家庭，需要爱情来组建；好的婚姻，是需要夫妻二人共同经营来维系。那种觉得做家务很丢人的男人，大概从来不懂婚姻。因为他们根本没有把自己和妻子放在一个平等的位置上。这样的婚姻，从一开始，就已经失衡了，又何谈幸福？

人们常说：男女搭配，干活不累。这句话同样适用于夫妻之间。做家务由一方来做，另一方不闻不问，妻子会因为太过忙碌，以及由此引发的不满和抱怨，会使得夫妻双方之间的快乐大打折扣。对于承担家庭开销来讲，如果由丈夫外出工作，妻子在家负责做家务以及照看孩子，丈夫承担了所有的开销压力，这种状态下的婚姻，幸福度同样会比较低。

所以，不论是分摊家务，还是分担经济负担，如果夫妻之间能够多为对方着想，多主动承担，夫妻关系便会融洽很多。假如夫妻双方能够将共同做家务，当成一种消磨时间、增长才干、增进夫妻亲密度的事情，那么还会觉得做家务枯燥、厌烦和无聊吗？当你看到自己的房间收拾得窗明几净、地板洁亮如新、布置得井井有条，你还会觉得做家务会没有成就感吗？夫妻双方能够共同参与并完成一件事情，比如做家务事、照顾孩子，这些则会成为双方交流、沟通的纽带，会增加彼此之间的温情和信任，会因为合力完成一件事情，因共同努力收获的劳动成果而感到愉悦。这些都能有效提升夫妻之间的幸福感。

情感寄语

为了家庭的安稳牢固，为了夫妻之间的情感更加甜蜜、幸福，一定不要小看家务活。同时，也要走出做家务活的误区，不要认为家务活又脏又累又琐碎，没有享受可言，也不要觉得做家务是件丢人的事情。义无反顾地与自己的另一半共同做家务，你会体验到共同劳动后的愉悦，欣赏到共同劳动后的成果。

家庭篇

此生与你相伴

Jia Ting Pian

第八章

婆媳关系决定了家庭的温度

Di Ba Zhang

经历过婚姻的女人，大抵都明白，如果能搞好婆媳关系，那么自己的婚姻难题也就解决了一半。婆媳关系决定了家庭的温度。即便夫妻感情再好，如果婆媳关系没捋顺，那么再好的夫妻关系也难以维系。不论妻子还是丈夫，一定要懂得如何维系良好的婆媳关系。

好的婆媳关系不是忍出来的

L O V E

很多人在结婚之前，单纯地想嫁给爱情，但婚后却发现，还需要一起接受对方的家庭。婆媳关系如何，直接影响婚后生活幸福与否。

常言道：“退一步海阔天空，忍一时风平浪静”，但这句话并不是让人无休止的后退和忍让，而是要学会有尺度、有底线地包容和忍耐一个人。

在婆媳关系中，如果一味地忍让，只会让对方觉得你好拿捏，只会让你无休止地放低自己的尊严。最终的结果是婆媳关系崩塌。

前段时间，我的一个“粉丝”小芬私信我，跟我分享了她曾经遇到过的糟糕的婆媳关系。小芬说，她和丈夫结婚一年后，发现婆婆很不好相处。她想着可能是刚嫁进门，婆婆有些不习惯，过些时候相处多了关系就能好。丈夫也劝她，不要和上年纪的长辈生气，忍忍就好了。可是结婚的一年里，婆婆无论说她什么不是，小芬都处处忍气吞声，然而婆媳关系并没有好转。后来，她发现婆婆特别喜欢逗别人家的小孩，心想婆婆肯定特别喜欢孩子。她就想，如果有了孩子，婆婆肯定不会像现在这样对待自己。小芬如愿以偿的怀上了孩子后，月份越来越大，做事情显得十分笨拙，婆婆不但不关心她的生活起居，还让她做饭、做家务，而婆婆却每天约好友打麻将。尽管她忍气吞声，事事都依着婆婆，但在婆婆心理，小芬永远配不上她儿子，嫁给她儿子是高攀。

在小芬怀孕八个月的时候，由于心情不好，再加上过度操劳，胎儿停止了发育。婆婆一句安慰的话也没有，反而冷嘲热讽，说小芬没用，连个孩子都保不住。小芬对此伤心不已，带着对丈夫的失望，对婆婆的怨恨，毫不犹豫地选择了离婚。

儿子离婚后，婆婆忙着给儿子张罗娶新媳妇。儿子不喜欢现在的妻子，却拗不过自己的妈。后来，终于把梦寐以求的好儿媳妇娶回了家。但没想到的是，婆婆从以前眼高于顶的骄傲，一下子变得狼狈不堪。跟现在的儿媳妇说话，儿媳妇要么不吱声，要么就说自己忘了。每天不做饭，要么让婆婆给她做饭，要么就直接点外卖解决。家里东西扔得到处都是，也不收拾，婆婆实在看不下去了，就自己收拾。婆婆只要说一句：“你也不管管你媳妇”，她儿子就直接反问：“这不是您自己挑的最好的儿媳妇吗？”自从把现在的儿媳妇娶进门，婆婆都很少有时间出去打麻将。婆婆悔不当初，明白小芬对自己百般忍让，并不是怕她，而是尊重她。所以，她让儿子跟现在的儿媳妇离婚，并求小芬原谅，希望两人能复婚。

丈夫向小芬讲述了她离开后所经历的种种遭遇，但小芬并没有同意复婚。因为，小芬觉得，丈夫这样事事都听他妈妈的话，即便复婚了，也少不了要吃之前吃过的亏。所以，小芬果断拒绝了。但小芬经历过这些之后，也明白，如果当初反驳一下，跟婆婆讲讲理，或许也不至于自己落得现在的结果。

如今，小芬再嫁，她在经历了第一段糟糕的婆媳关系后，懂得了婆媳相处之道，该忍的忍，该争的争。她与现在的婆婆关系还算不错，最起码她感觉自己受到了应有的尊重，在家庭中也有了该有的地位。

所以说，好的婆媳关系，并不是忍出来的，而是需要适当沟通，适当为自己的尊严争一争。

婆婆与儿媳妇之间本没有血缘关系，是两个完全陌生的女人。两个人共同爱着一个男人，她们因为这个男人才有了交集，也因此使得彼此之间的关系变得微妙起来。

好的婆媳关系是处出来的，而不是忍出来的。只要善于观察，就会发现，现实生活中，越是懂事的儿媳妇，婆婆越是爱挑剔；越是不懂事的儿媳妇，婆婆越是束手无策，叫苦不迭。殊不知，儿媳妇对婆婆好，是因为她们拿婆婆当长辈，尊重她，而并不是怕婆婆。她们对婆婆的挑理和不满能够忍让，完全是因为爱着自己的丈夫，所以才爱屋及乌。

如果你是一个懂事的好儿媳，遇到一个能够与你和平相处的婆婆，那么绝对是福气，要好好珍惜。但如果遇到一个蛮不讲理、高高在上的婆婆，那么你一定要慎重对待。这是对你自己负责，也是对你的婚姻负责。

尊敬长辈，是一个儿媳妇应尽的本分。但如果婆婆把你对她的尊敬，当做可以随意使唤你、把你变成家里佣人的筹码，那么你就要站出来为自己争取应有的权益，并对婆婆晓之以理。让婆婆意识到其在认知问题上存在的错误。对于不明事理、不懂感恩的人，一定要让他知道你的底线。

情感寄语

一家人过日子，婆媳关系很重要。要想处理好婆媳关系，就要懂得有进有退。尊重却不卑微，宽容却不纵容。

好的婆媳关系里，男人从不缺席

L O V E

很多男人认为，婆媳关系是婆婆和媳妇两个人之间的事情，只要两个人能够想办法相处好，就可以了，没自己什么事。

天下没有不吵架的夫妻，也很少有没矛盾的婆媳。但造成婆媳关系紧张，通常有三个原因：

原因一：文化冲突

每个家庭都会有自己的家庭文化。这种文化主要体现在价值观和信念两方面，也就是我们通常所说的“家风”。比如，有的家庭，吃饭的规矩是：长辈不动筷子，晚辈不能先吃；有的家庭则是不拘小节，谁饿了就先吃，无所谓。

但结婚后，女人和男人走在了一起，其实是两种家庭文化的相互碰撞。如果难以融合，就会产生冲突和矛盾。婆婆认为，既然儿媳妇嫁进来，就应当遵循自己的家庭文化。而儿媳妇在自己的原生家庭中也有自己的家庭文化，突然让自己忘掉自己的家风，遵循新的家风，按照别人的习惯生活，就等于失去了自我。所以会表现出反抗和抵触情绪。这就是婆媳关系形成的直接原因。

原因二：家庭主权争夺

在一个家庭当中，女主人只能有一个。婆婆认为，儿媳妇跟儿子在一起生活，在家里与儿子是平级，所以她必须听自己的。这样，婆婆就将自己的家庭权利，伸到了儿子和儿媳妇的小家庭当中。儿媳妇认为，自己与丈夫组建了一个小家庭，心底是希望独立的，希望有自己的话语权。所以，家庭主权争夺，成为婆媳关系紧张的第二个原因。

原因三：生命里共同的男人

在婆媳关系中，与她们息息相关的就是他们生命里共同的男人。这个男人，一边充当儿子的角色，母亲不愿意与儿子分离，依旧想要强行关爱儿子，想要让儿子听自己的。一边充当着丈夫的角色，妻子渴望自己的男人能够成为一个独立、合格的丈夫，能够事事与自己站在一边。这就是婆媳关系紧张的第三个原因。

其实，婆媳关系中的矛盾和冲突，本质上都与这个生命里共同的男人有关。一个女人，因为对一个男人的爱，走进了婚姻，身份既是妻子，也是儿媳；另一个女人，因为最爱的儿子成了家，就多了一重身份，成了婆婆。这一切，都是以这个男人为核心。也正是因此，婆媳之间有了矛盾，大多是来自于两代人之间的界限不清，然而负责划定界限的最佳人选，就是联系着两代家庭的核心枢纽——既是儿子，又是丈夫的人。

当婆媳二人不能和平解决问题时，往往会将目光转向两个人生命里共同的男人，希望这个男人能给她们支持和理解。在这种情况下，男人通常会选择逃避。

男人总是表现出天生不擅长解决家庭矛盾的一面，面对老婆和妈之间的矛盾，站在不同角度去看待时，两个人都对，也都不对。然而，一边是自己最爱的老婆，一边是最爱自己的老妈。得罪了老妈，感觉自己很不孝顺；得罪了老婆，又很难哄。不论支持谁，站在谁的一边，都会让两人觉得不公平。于是，他们会选择一个最轻省的方法，就是从这场矛盾中赶紧消失。

在这时，一言不发，溜之大吉的男人，不是好男人。面对母亲和妻子这场没有硝烟的战争，男人的沉默不是金，而是雷。

曾经看过一则新闻报道：婆媳二人因为一件小事吵了起来。当事男主人公，觉得那是女人之间的一地鸡毛。不论与谁站队，都会引起另一方的不满，与其这样不如自己远离，让她们自己解决。于是，把门一摔，遛狗去了。结果，等他回来时，发现婆媳两人同归于尽了。至此，这个男人才知道自己错了，是自己没有做好该做的工作。

多么痛的领悟，可惜为时已晚。屋檐之下无小事。一个男人，绝不可以因为“避难”而任由婆媳关系愈演愈烈，否则就可能酿成悲剧。

在好的婆媳关系中，男人对待妻子和母亲的态度，就是婆媳关系的重要参考。既要让妻子知道，自己爱母亲，也要让母亲知道，自己疼妻子。这样一来，她们就会有所忌惮，不敢相互轻慢对方。

好的婆媳关系里，男人从不会缺席。他们会站出来，扮演好自己该扮演的角色，承担自己该承担的责任，做自己该做的事情。

情感寄语

家庭中的婆媳关系能够和睦，全靠男人从中斡旋。所以，男人要时刻调整这个支点的位置，让这个杠杆永远平衡下去。

轻松化解婆媳关系技巧——丈夫版

L O V E

在婆媳关系中，婆婆与媳妇是主角，但男人才是婆媳矛盾中的“定海神针”。男人如何做，真的很重要。

面对婆媳关系，男人通常采取三种方式：

第一种是选择回避，逃离针尖对麦芒的境地。

第二种是站在老妈一边。

俗话说，“百善孝为先”。当面对这种两难的局面时，不少男人会选择站在婆婆这一边。因为他们觉得，无论如何，都应当做个孝子。而妻子作为晚辈，不论自己的妈说了什么、做了什么，都应当对自己的妈给予尊敬和忍让，有的甚至还会呵斥自己的妻子。其实，这种不分黑白的做法，只能说是一种“愚孝”，会使家庭矛盾越来越深。孝顺是子女的本分，但孝顺也是要讲究方式的，愚孝不可取。

第三种是站在媳妇这一边。

很多男人心疼自己的妻子，在遇到婆媳关系时，他知道自己的母亲永远态度十分强硬，是一个不肯吃亏的人，也知道妻子在这件事上吃了亏，受了委屈，就会在母亲面前，表现得自己与妻子在一条战线上。原本争强好胜的婆婆看到此情此景，会打心底认为儿子就是“娶了媳妇忘了娘”，是媳妇把儿子对自己的爱夺走了。这样做，无疑是火上浇油。

事实上，以上三种方法都不可取，不但达不到平息矛盾的效果，反而会使婆媳矛盾越陷越深。究其原因，就是因为男人没给自己定好位。在婆媳关系中，男人是双重身份。如果能扮演好这两种身份，那么婆媳关系自然就会消除。我认为，男人在婆媳关系中，正确的做法是：

1.学会调和矛盾

在家庭关系中，男人是一座桥梁，一头连着自己的母亲，一头连着自己的妻子。如果婆媳之间发生矛盾，而两人又抹不开面子，不肯让步。那么男人就需要站出来从中调和一下。女人天生具有感性属性，根据这一特点，男人需要在语言上安慰她们。

一次，我在公园散步，无意间听到这样一段对话：一位男士带着孩子在公园玩耍，突然有视频发过来，这位男子接起视频，原来是男子的母亲。这位母亲通过视频逗了逗孙子，然后跟儿子抱怨自己对儿媳妇的不满："儿子，你那老婆可得好好管管，这么大个人了，就知道好吃懒做。不会做饭就不用说了，家务也不做，每天下班回来就知道玩手机。"儿子赶忙说道："美美平时工作比较忙，妈，您就体谅一下吧。她那天还说要不要找一份轻松的工作，能有时间在家好好照顾您呢。"婆婆顿时不好意思了："这样啊，不用不用。"儿子和母亲聊了一会儿，挂了后又给自己的老婆发语音，说："老婆，最近是不是特别累啊？"妻子一听丈夫这么问，就反问道："你妈又跟你说啥了？"丈夫解释道："我妈说天天看你下班回来都很累，担心你的身体，让我跟你说一下，换一份轻松的工作，不要只顾着赚钱，身体重要。"妻子一听，停顿了一下，接着说："没事。只是我没有时间把咱妈照顾好，改天带咱妈出去逛逛吧，给咱妈买几件衣服。"

虽然是家庭中三个成员的简单对话，但不难发现，家庭中有一个会沟通的老公，一切婆媳关系都迎刃而解。

2.懂得为妻子塑造好形象

自古以来，没人喜欢恶人，也没有人讨厌赞美的话。所以，男人有时候就要替妻子多赞美自己的母亲，比如做饭做得好吃，会照顾人等。

比如，把自己买的礼物送给母亲时，说是妻子逛街时，看到礼物很适合母亲，就买给母亲的。再比如，平时多陪陪母亲，让她觉得，即便你结婚了，也没有“忘了娘”，儿媳妇没有夺走儿子对自己的爱。

聪明的男人，总是能想尽一切办法来维护婆媳关系，把妻子好的一面表现在母亲面前，让母亲觉得，儿子娶了一个懂得孝敬父母的好媳妇。

3.主动掺和到矛盾之中

在遇到婆媳矛盾时，男人一定要勇于把矛盾转移到自己身上，主动当两人的出气筒。

之前，在“粉丝”群讨论了关于婆媳关系的问题时，我看到一位网友分享了自己闺蜜的一段经历。

这位网友的闺蜜佳佳，性格比较直爽，有时候说话也会有失分寸。一次，公婆在吃饭的时候，教导小两口：“你们夫妻俩趁现在年轻有力气，要多吃苦。”佳佳一听，觉得公婆是在指责她和丈夫不求上进，便回了一嘴：“你们坐家里就知道说这说那，我两每天加班到半夜，你们谁知道？有谁心疼过？”这下，气氛一下就尴尬了。

此时，佳佳的丈夫接过了话：“佳佳，爸妈说的是我们那边的方言，‘多吃苦’就是多拼拼。你看爸妈普通话讲的也不是很好，他们的表达可能让你理解岔了。”

“爸妈，佳佳可能没听明白你们的意思，她也是心疼我加班太累，一时激动误会了。来来，赶紧吃菜。”

短短的几句话，就化解了当时的尴尬。之后，佳佳和公婆都表示互相的语言不妥，自此佳佳和公婆之间相处得愈发和睦，生怕有什么说得不好，或做得不好的地方。

男人在尴尬的氛围中一掺和，使得原本岌岌可危的婆媳关系得到了很好的化解。这就是一个男人，在婆媳关系中，应有的智慧。

4.传话只传夸赞的话语

在婆媳关系中，聪明的男人，不会将母亲或妻子对彼此的评价或言论直接传到对方那里，而是将好的、赞美的语言传给对方，那些负面的、不好的话语，传到自己这里就自行消化了。这样做，婆媳两人之间的关系才会更加融洽、更加和谐。

情感寄语

结婚以后，男人在家庭生活中，扮演的角色，既是儿子，也是丈夫。面对婆媳关系，就应当成为调和剂，使得两个女人之间相处得更融洽。这其实是对男人情商的考验。婆媳关系好不好，男人的情商是关键。

轻松化解婆媳关系技巧——妻子版

L O V E

婆媳关系是家庭关系中绕不开的主题。婆媳之间仿佛永远就有那么多的矛盾存在。但聪明的女人，总是有方法化解自己与婆婆之间的矛盾，让彼此之间的关系更加和谐，她们能够清楚婆媳关系，在婚姻关系中占据十分重要的地位。

那么女人究竟该如何化解婆媳关系呢？我在这里分享一下，希望对存在婆媳矛盾的女士有一点帮助。

1.保持亲而不密的关系

婆婆和媳妇之间本就没有血缘关系，婆婆不是亲妈，媳妇不是亲闺女。没有谁会把一个没有血缘关系的人，当做自己的亲闺女；也没有谁愿意把一个没有抚养关系的人当做亲妈？虽然儿媳妇叫婆婆一声“妈”，婆婆也不能真的变成亲妈。这么说，并不是薄情，而是事实。

想要把婆媳关系当做母女关系，这是一个美好的愿望。但是，当婆媳之间没有发生矛盾和冲突时，这种口头上的“妈”是可以持续下去的。一旦发生矛盾，这种关系立刻土崩瓦解。

有的儿媳妇，一进入新的大家庭当中，就会为了搞好关系，而强行拉近婆媳关系。但两人关系再怎么亲，也不能像真正的母女一样毫无芥蒂。一旦发生矛盾，反而不能客观地解决和沟通。往往越是看上去亲如母女的婆媳，撕破脸后，彼此矛盾越深。

相反，保持亲而不密的关系，才能让婆媳对彼此保有一定的空间，即便遇到矛盾，也有回旋的余地。

2.控制好相处的边界

婆媳相处正如绝大多数成年人社交一样，一定要注意社交边界的把控。

作为儿媳妇，与婆婆之间建立起社交关系，最重要的便捷途径，就是维系两个家庭之间的边界。

通俗一点讲，就是在与婆婆相处的过程中，要分得清事情的性质。常言道，“清官难断家务事”。小家庭成员之间的事情，还需要关起门来内部沟通和解决。这样，自己既是问题的制造者，也是问题的解决者。如果你能在一开始，就和婆婆明确处理事情的权限区域，在日后就能避免很多矛盾的发生。

社交边界，重点在于把握好距离，在相互不触碰到对方敏感区域的基础上友好相处。久而久之，这种社交边界，也就逐渐演化成一种相互尊重的机制。

3.培养良好的沟通力

有的人一开口，本是好意，却因表达不当，让别人感到厌烦。有的人说话，让别人听起来感觉很舒服。这就是良好的沟通力。

我曾经调解过这样一个婆媳关系案例：

小曼本是一个我行我素的人，丈夫家虽然家境不是很好，但丈夫对她疼爱有加。丈夫与她结婚就是因为她是一个性格豪爽、从不遮遮掩掩的姑娘。但婚后，与公婆同住后，很多问题就来了。

由于家庭条件有限，小曼和丈夫两口子与公婆住在一起。同在一个屋檐下，时间久了，矛盾也就产生了。一天周六，婆婆大清早来敲门，说："涛涛、曼曼，周六日不上班也应当早点起床，锻炼锻炼身体。"小曼被一阵敲门声吵醒。一起床，生气的她张口便说："平时上班这么累，大周末也不让好好睡个觉。我听说您当年嫁进来的时候，就没少受婆婆的折磨。现在您开始把您受过的气，都往我身上撒，来折磨我吗？"婆婆一听，顿时变了脸色："我不是为了你们身体好吗？你爸妈是怎么教育你的？怎么跟长辈说话呢？""怎么教育也不用您管吧？您大清早吵得不让人睡觉，您怎么不说说您自己呢？”……就这样，争吵得越来越激烈，话说得越来越难听。丈夫听到争吵声后，怒气冲冲地从卧室走出来，生气地说了句：“小曼，你给我闭嘴！”顿时，客厅安静了。小曼抓起自己的衣服，拿着包，就出门了。后来气冲冲地回到了娘家，把事情前因后果跟自己的爸妈讲了一遍。父母表示让小曼回去跟婆婆道歉，但小曼坚持自己没错。就这样，直到周日晚上，丈夫也没给自己打个电话。小曼开始着急了，担心因此丈夫与自己离婚。于是给我发私信，问我该怎么办?

显然，小曼对长辈不尊敬，不考虑长辈的感受，不善于沟通，以至于出口伤人，引起丈夫的怒火。后来，在我的引导下，小曼知道了自己的错误，便回去给婆婆郑重地道歉。而婆婆事后也感觉当时没考虑小曼的感受，自己也有错，但又抹不开面子。当她看到小曼主动、诚心回来认错的时候，也就放下了那件不愉快的事情。

儿媳妇在与婆婆沟通的过程中，要了解婆婆的习性与禁忌等，要从话里体会婆婆背后真正的意思，切忌不经大脑随口而出。这样在与婆婆沟通的过程中，才能知道自己该说什么、不该说什么。除此之外，与婆婆聊天时，还需要像和朋友一样敞开心扉，表达自己的想法。

4.管理好自己的情绪

与人相处，出现摩擦时，很多人会通过说脏话，发泄自己的情绪。如果与婆婆之间出现摩擦，同样毫无顾忌地发泄自己的情绪，那么婆媳矛盾就会愈演愈烈，进而上升为家庭矛盾，一发不可收拾。

作为一个已婚女人，每天要面对大量繁琐的家庭琐事、工作事务，还要面对婆媳关系。这些大情小事，对于媳妇而言，是对其耐心和修为的一个巨大考验。在婆婆面前，即便有矛盾，也要尽量克制。因为婆婆不是妈，不会像亲妈一样体谅和理解你。如果你由着自己的性子，随意发泄自己的情绪，会引发婆婆更多的怨恨和厌恶。所以，为了不给自己带来不必要的麻烦，儿媳妇应当以大局为重，尽量克制一下自己的情绪。当你表现出一副不屑争吵的样子时，婆婆独自在一旁抱怨和指责，会感觉十分无趣，自然会终结这场争吵。

5.提高自己的情商

聪明的女人，在家庭生活中，会处处体现出自己的高情商。如尊重公婆的固有习惯，即便不认可，也不去干涉；就算受了委屈，也不要在外人面前，或者当着婆婆的面，说婆婆的坏话。相反，要在人前人后多说婆婆的好话，这样她们知道后会很开心，会对你更好。而且，背后说婆婆好话，比当面夸奖、赞美的效果要更好。这样，婆媳之间的关系才会越来越融洽。

情感寄语

在婚姻中，女人千万别忽视婆媳矛盾。婆媳关系是一门学问。经营好婆媳关系，婚姻关系才会稳定。

家庭篇
此生与你相伴

Jia Ting Pian

第九章

好教育
影响孩子一生

Di Jiu Zhang

父母是孩子的第一任启蒙老师，好的父母，才会有好的孩子。在家庭教育中，身教重于言教。你的做事风格，会潜移默化地对孩子产生非常直接的影响。

蹲下来才能真正看清孩子的世界

L O V E

曾经有个妈妈，带着孩子去逛商场。她觉得，商场装扮得五颜六色非常漂亮，孩子一定喜欢在这里玩。但事实上，情况与她想象的完全相反。孩子走进了商场后，一点也不开心，甚至表现出有点害怕的样子，然后吵着闹着要出去。妈妈不明白，平常都喜欢玩的孩子，在商场里怎么会表现出排斥和害怕呢？

正当她蹲下来想要询问孩子原因时，她发现，原来在孩子的角度，只能看到来往人们的一条条腿，一点也不赏心悦目，反而让人感觉很不舒服。此时，这位妈妈恍然大悟。原来自己眼里的世界和孩子眼中的世界是完全不一样的。

这也是为何我们总觉得一些无聊乏味的游戏，在孩子眼中却是新奇、有趣的东西。其实，我们处理孩子问题的时候，总是喜欢站在自己的角度，认为孩子就应该是自己想象中的样子，一旦达不到我们内心的标准，就会觉得孩子做得不好。

其实，孩子的很多叛逆行为也是因为父母不理解孩子而造成的。之所以孩子会在一定的年龄，对家人产生排斥心理，是因为孩子从小到大，父母只知道管孩子，教育孩子，却不懂孩子。不知道孩子究竟想要的是什么。有很多父母从来都是以一种家长的绝对姿态，告诉孩子，“我说什么就是什么”“我是大人，你就得听我的”，却从来没有考虑过孩子的感受。所以，长期用这种方式教育孩子及与孩子相处，等到孩子到了一定的年龄，他有了足够的能力与你对抗的时候，他会将这么多年积压在心底的、对父母的不满，全部用他的情绪和行为发泄出来。这样，对于孩子的成长非常不利，也严重影响了孩子与父母之间的关系。

那么父母该如何站在孩子的角度看待问题呢？有以下几点建议：

1.丢掉对孩子的偏见

生活中，父母总是因为孩子的某些行为，而给他们贴上各种各样的标签。成绩不好，就是“笨孩子”；不小心弄坏了一件东西，就是“熊孩子”；孩子因为害怕某一事物而哭泣，就叫孩子“爱哭鬼”。这样的偏见，会让他们产生“叛逆”心理，进而朝着你给他们贴的标签的方向发展。

一个好的教育者，在教育孩子的时候，要避免因为个人偏见，而给孩子冠以一些不好的头衔。

有一天，我经过家附近的一个广场时，发现一个大概三岁模样的小女孩儿，她一边往前走，一边扭头盯着自己身后的影子，一边表现出惊慌失措的表情。原来，她对自己身后黑乎乎的影子表现出害怕。旁边很多人都被小女孩的行为逗乐了，有比她大的小孩子都冲着小女孩喊“胆小鬼”。而她的母亲并没有给她贴任何标签。她知道，小孩子有时候心里面会创造出一些让自己恐惧的东西。所以，她跑到小姑娘身边，耐心地引导孩子：“你看，妈妈也有影子，而且妈妈的影子比你的影子大，但妈妈根本不怕它。因为，只要我们勇敢往前看、往前走，影子永远追不上我们，所以我们没有必要害怕它。”孩子的妈妈用自己的方式，帮助孩子克服了恐惧。渐渐地，孩子不再因为害怕而哭泣。

无论任何时候，我们一定要丢掉偏见，并站在孩子的立场上去思考，才能知道孩子的世界究竟是什么样子，才能对孩子有一个更加客观的认知。这也是每个做父母的，应当做到的。

2.把自己当做孩子

只有把自己当做孩子，才能以孩子的视角去体验和感受他们的世界是什么样子的，才能知道他们想要的是什么？做一件让我们感觉不可思议的事情，是出于什么样的想法？

很多时候，家长会给孩子买新玩具，然而孩子对玩具做的第一件事情就是将其拆分。这时，有的父母会指责和训斥孩子，并威胁他们以后再拆，就不给他们买新玩具。

但是，我们是否在斥责孩子的时候，应该想一想：如果你是孩子，你拿到那个玩具的时候，你的第一反应应该是什么。这样，你就会发现，每个孩子都有好奇和探索的精神。当他们拿到新玩具之后，第一反应就是想要知道这件玩具的内部构造是什么，要想了解玩具内部的秘密，所以会拆解玩具。此时，你的指责，只会破坏孩子的好奇心。此时，我们可以耐心引导孩子，让孩子更好地了解新玩具的构造，并和他一起动手把新玩具组装好。如果你能明白这一点，慢慢你会发现，有时候，即便没有我们的帮助，他们也能将玩具一步步安装回原来的样子，这是令我们出乎意料的。孩子通过对玩具的拆解和组装，不但明白自己弄坏了东西需要负责，而且还能收获一种成就感，更重要的是提升了孩子的自我学习和动手能力。

任何时候都不要觉得孩子的某一行为是不可思议的，是让人无法理解和接受的，那是因为你没有用孩子的眼光来看待他们眼中的世界。孩子所经历的并没有我们经历的那么多，他们所认知的世界，和我们所认知的世界，存在着很大的差异。所以，作为孩子的父母，我们除了要关注孩子身体的成长，还应当蹲下来以孩子的角度去看待和分析问题，并给予他们及时、正确的引导。否则，你用成人高高在上的态度，强行决定孩子该干什么、不该干什么，只会抑制孩子的成长和发展。

3.用平等的心态与孩子沟通

如果你不能与孩子好好沟通，你又如何能真正了解孩子的想法呢？所以，父母应当蹲下来，与孩子处于同一水平线上对视，并用平等的心态与孩子沟通。基于此，亲子间的沟通才能取得良好的效果，亲子感情也会更进一步。

情感寄语

龙应台说过这样一句话："从妈妈的角度看孩子的世界，不难；难得的是妈妈会蹲下来，保持和孩子一样的高度看世界。"不要认为孩子做出的某件事情很不理智，也不要对他们大发脾气或指责他们，否则会使孩子产生逆反心理。蹲下来吧！认真看看孩子眼中的世界，耐心地与孩子交流、沟通，让孩子感受到一份平等、一份尊重、一份信任、一份关爱。

身教重于言教，做孩子最好的榜样

L O V E

对于孩子而言，最幸福的事情，莫过于有一个幸福的家庭，有来自母亲温柔的陪伴，还有来自父亲大山一般的慈爱。然而，对于孩子的成长，最有益的事情，莫过于父母的榜样。父母的一言一行，在孩子眼里，都潜移默化地影响着他们。

有这样一则简短的故事：

一位妈妈告诉自己的女儿："你让你的同学以后少来找你玩，都快期末考试了，天天来找你玩。"女儿说："我们自己会安排好的。"第二天女儿的同学来了，妈妈毫不客气地对女儿的同学说："你以后再也不要来找我们家宝贝玩了，都期末了，还顾着玩，一点上进心都没有。不要影响我孩子。"

几天之后，妈妈的闺蜜特意带着蛋糕给妈妈品尝。妈妈的闺蜜刚坐下，女儿说："阿姨，你赶紧走吧，我们要去奶奶家了，请你下次早点来。"妈妈顿时生气了："你这孩子怎么说话的？这么过分！"

人的一切社会行为，都是后天习得的。在生活环境的影响下，人类的行为会通过别人的行为示范及其自身观察学习而形成。孩子则通过观察父母的行为来获得学习。孩子在幼小时，对父母有本能的依赖。父母的性格、言行，就是其学习的来源。父母的榜样作用，会影响孩子的一生。父母是什么样子，折射到孩子身上，孩子也会成为什么样子。如果父母有教养，孩子也会有教养；如果父母有胸怀，孩子也会有胸怀。父母要知道，育子先育己，身教胜于言教。

你如果希望自己的孩子将来成为什么样的人，你首先就要做一个什么样的人。要想让孩子变得优秀，首先就应该努力把自己变得更好，让孩子在未来真正懂得的时候，对你有爱也有尊敬。父母活出自己精彩的人生，就是孩子最好的榜样。

父母不能为人表率，不懂积极向上，浑身带有负能量，要想培养出一个热爱生活，积极向上的孩子，是有一定难度的。如果你希望你的孩子能够热爱阅读，那么你自己首先就要喜欢阅读，并保持认真阅读的习惯；如果你想让孩子热爱运动，那么你首先应当对运动产生浓厚的兴趣，并始终坚持下去；如果你希望孩子能够热衷于舞蹈和音乐，那么你首先需要先去欣赏和聆听，并体会其中的乐趣；如果你想让自己的孩子为了辉煌的人生而奋斗，那么你自己首先就要活出自我，活得精彩。

情感寄语

孩子是父母的骄傲，父母是孩子的榜样。先有父母的榜样做引导，才能培养出引以为傲的孩子。父母一定要重视家庭教育的重要性。家庭教育是第一位的，是学校教育和社会教育无法替代的。

破坏孩子安全感的话，句句都是“软暴力”

L O V E

每一个孩子，都拥有一颗纯洁的童心。在孩子眼中，父母是自己最亲近的人，是自己最爱的人。孩子的安全感来自父母。

生活中，有很多父母在说话的时候，一句话在不经意间脱口而出，却成了刺向孩子幼小心灵的利刃，导致孩子极度缺乏安全感。其实，你说出的这些话，句句都是“软暴力”，对孩子心灵造成的伤害，不低于动手打孩子带来的伤害。时间久了，孩子甚至可能逐渐成长为愤世嫉俗、内心阴暗的人。

父母通常对孩子的语言暴力，我总结了以下这几种类型：

1.贬低孩子的话

父母在孩子学习成绩不好，或者做错一件事情的时候，往往会用一些贬低性的语言跟孩子说话。父母用这样的话语，直截了当地宣布了孩子的不好或不行，给孩子定性或定量的评论，会让孩子内心感觉十分自卑。

例如："你可真是太笨了，这也做不好。""说你啥也不是，你还真啥也不是！""连个书都读不好，你还能干啥？""干什么都不长记性。""眼睛长脑门上去了？这么大的字看不见？""耳朵聋了吗？没听到我说话！""小时候这样，长大了也没出息。""天生不是学习的料。"

2.揭孩子短的话

每一个孩子，虽然他们年龄小，但也是有自尊的。有的父母认为，在外人面前揭孩子的短，会加深孩子的印象，以后就不会再犯。其实，孩子十分在乎这些，当众揭短，会让孩子的自尊心受到伤害，使他们变得害怕出现在人多的场合，也使孩子不愿与父母交流，在无形中筑起了一堵墙，将父母挡在外面。

例如："你笑话人家考得不好，忘了自己上次不及格了？""我们家孩子就是嘴硬，上次半夜饿了，起来偷偷吃东西，被我逮了正着，却若无其事地说自己睡不着出来溜达。"

3.轻视孩子的话

每一个少年都有一颗敢于挑战的心。但有的父母，总是认为很多事情是一个小孩子不应该有的认知和行为。所以他们往往会用轻视孩子的话语，告诉孩子做不到、做不好。孩子的挑战和探索欲望，会因为这种轻视的话语而就此夭折。

例如：“你个小孩子，懂个啥？”“小小年纪，还说自己有隐私？”“你太小了，这是大人做的事，你做不了。”

4.威胁孩子的话

父母往往觉得，孩子还小，威胁的话语，对他们有很强的震慑力。所以，当孩子犯错误、不听话的时候，父母喜欢威胁他们，让他们因为害怕威胁，而不再犯错。其实，这样的话只会降低父母的威信，不会有任何实际效果。这样做不但不利于孩子塑造良好的个人品质，反而让孩子极度没有安全感，会造成孩子胆小、怯懦、软弱、敏感、多疑的性格。

例如：“你再这样，爸妈就不要你了。”“再哭，就不要你了，把你送人算了。”“你再不改，我和你爸就不管你了。”“再不听话就打你了。”

5.抱怨孩子的话

孩子有缺点是十分正常的事情，是需要父母通过各种正确的引导来帮其改正的，而不是除了对孩子说一些抱怨的话，什么也不做。

例如：“成绩这么差，在你身上花的钱都白花了。”“你把我的脸都丢尽了。”“这么一件小事都做不好。”“自从有了你，我连自己的时间都没有了。”“别过来打扰我，看见你就烦。”

6.压制孩子的话

父母为了在孩子面前，强调自己绝对的权威性，就会用压制性语言命令孩子，让孩子服从。这种暴君式的教育方式，会让孩子认为你没有同理心，往往可能会激起孩子的逆反心理，也可能滋生孩子的暴力倾向。

例如：“这件事情没商量。”“我是大人，我说什么就是什么。”“做父母的能害了你吗？你照做就行了。”“我说不行就不行。”

7.刺痛孩子的话

父母有时候难以抑制内心的情绪，冲着孩子毫无顾及地发泄了出来，但他们往往没有考虑过这样的话是否会对孩子幼小的心灵造成伤害。一旦真的给孩子带来伤害，父母后悔也来不及。

例如：“你赶紧走，我一分钟也不想看到你。”“考成这样，干脆跳楼算了。”“我管不了你了，就当我没有你这个孩子。”

8.误导孩子的话

有时候，父母为了强调一件事情的重要性，就会夸大其词。这种错误的思想灌输，会造成孩子对事物的误解，内心产生压力。此外，还会伤害到孩子的心灵，使得亲子关系产生隔阂，不利于孩子的成长。

例如：“你学习好了，比什么都强。”“咱家可都指望你了。”“你是妈妈从垃圾桶里捡回来的。”

人人都需要充足的安全感，孩子作为一个极度需要依赖的弱小个体，更需要安全感。父母作为孩子最亲最近的人，与孩子相处，一定要杜绝语言暴力。

情感寄语

对于孩子来说，安全感真的特别重要。失去安全感的孩子，内心会感到不安、恐惧、敏感、多疑、不自信。父母以良好的言行，培养和呵护孩子的安全感，可以让孩子的身心得到健康成长。

温柔的沟通 远胜于暴躁以对

L O V E

面对孩子犯下的错误，有的父母脑子一热，情绪一激动，便对孩子大声苛责，有的甚至对孩子举手就打。这种暴力式的教育方法，在父母本人看来，是爱之深，责之切，用暴力可以让孩子深刻反省，改正自己的问题。但对于孩子来讲，会在他们的内心种下黑暗的种子。

一天，我在回家路上，看到这样一幕：一个小男孩，在路边看到有人卖冰激凌。于是，他哭嚷着要吃冰激凌。他的妈妈吼道："我说了不能吃就是不能吃，你一点都不听话。你再闹，妈妈就不要你了。"孩子听了之后，立马安静了下来，委屈地拉着妈妈喊道："妈妈，妈妈。"妈妈说："你别叫我，我不是你妈妈。"孩子这时立刻就崩溃了，恳求妈妈不要把自己送人。妈妈这时候才安慰到："好了好了，别哭了。妈妈爱你，不会把你送人的。妈妈不给你买，并不是不爱你，是因为你太小了，天气又有点凉，你吃了冰激凌会拉肚子生病的。生病了就又要打针，又要吃药。你想为了吃一口冰激凌而打针吃药吗？妈妈回去给你做奶油蛋糕好不好？"此时小男孩默默地想了想："恩，不要打针，不要吃药。那就不吃冰激凌了，吃妈妈给我做的蛋糕。"

这位母亲明明是担心冰激凌会对孩子身体不好，却以暴躁的情绪，用最伤孩子的话语来对待孩子，明显给孩子的内心带来了恐惧和害怕。这种对孩子严厉的苛责与暴力，并不是对孩子的爱，而是伤害。

前几年，有这样一个真实的故事：母亲用棍棒打死了亲儿子。

孩子从小和爷爷奶奶一起长大，四岁的时候因为要上幼儿园了，才搬去跟妈妈一起住。他的妈妈因为跟他缺乏感情，又没有带孩子的经验，母子之间就像隔着一座大山。于是教育孩子的方式只有打骂。看到自己的孩子，一见到自己就总是哭，有什么事情都不说，总是呆呆的，也从来没有喊过自己妈妈，这位妈妈就很不开心。有一天，妈妈上班回来，出去买酱油的功夫，孩子就把厨房搞得一团糟。整个地面都是面条，还把微波炉给弄坏了。妈妈看到这个场景，当场气炸了。但她没有问儿子为什么这么做，即使看到儿子当时坐在地上哭泣，右腿还被热水烫伤，也没有问儿子怎么了，烫伤哪里了？她顺手拿起一个很粗的擀面杖，狠狠地抽到了儿子身上，打了六七棍。后来，她意识到孩子被打得不行了的时候，就给住在附近孩子的大伯打了个电话。当大伯把孩子送到医院时，孩子已经不行了，没有抢救过来。后来大伯报了警，警察来了之后将这位妈妈带走了。

这个世界上，有一种东西是百害无一利的，那就是“发脾气”。父母的坏脾气，是教育的死敌。脾气越大，教育效果越差，甚至还会带来十分糟糕的后果。

父母脾气暴躁，对孩子会有哪些害处呢?

1.影响孩子的身心健康

让孩子每天生活在父母暴躁的苛责和暴力当中，就如同给孩子戴上了终生痛苦的枷锁。很多家长将孩子的粗心、不听话、顽皮捣蛋归咎到孩子身上，却没有想办法了解孩子这些行为背后的原因，也没有从自身考虑，孩子出现这些问题是否与自己有关。

其实，孩子的问题，几乎都是家长的问题，只是很多父母不愿意承认是自己的过错，而是想尽各种办法修理孩子。再有灵性的孩子，如果经常遭受这样的虐待，都会走向消极、悲观的世界，甚至让孩子因此而将性命断送在自己的父母手中。

2.破坏亲子关系

父母易暴躁、脾气坏，会让孩子不敢亲近，不敢与你敞开心扉，他们只要见到你就会战战兢兢，没有安全感。

很多家庭中，孩子淘气、顽皮，父母就气急败坏地责骂孩子，甚至打孩子。他们认为棍棒底下出孝子。但事实上，这种方法却产生了反向效果，越是这样，孩子的逆反心理越强。

显然，父母脾气暴躁，对孩子的成长毫无益处。那么父母的正确做法是什么呢?

1.直面自己的暴躁脾气

情绪暴躁、失控，压抑和克制，并不是最好的办法。因为越是压抑，越容易情绪失控。正确的做法是，要学会面对自己的暴躁情绪，并找到暴躁情绪的发泄出口，比如在纸上写出自己不顺心的事。把所有的怒气、怨气、坏脾气都写出来后，心里就会平息许多。

2.把暴躁情绪换作温柔沟通

暴躁的情绪，就好比垃圾一样，让人不喜。随便将暴躁的情绪发泄在孩子身上，就好比将孩子当成了负面情绪的垃圾桶，这样非常不好。不如把你暴躁的情绪，换成与孩子之间进行温柔的沟通。这样做，能让孩子静下心来聆听，便于孩子接受你的教导。

情感寄语

孩子每天的经历，都将组合成为他们的人生。父母的行为，影响最大的就是思想萌芽阶段的孩子。如果他们每天遭受父母暴躁脾气的对待，也会因此被你的暴躁脾气所影响，成为一个脾气暴躁、为人苛刻的人。这样，孩子就成为你脾气暴躁的牺牲品。

惯子如害子，溺爱不是爱

L O V E

人的一生中，家庭教育占据的比例是75%，学校和社会教育占25%。孩子有个什么样未来，父母的影响占很大比例。想要让孩子获得更好的教育和发展，父母对孩子的教育绝不能忽视。采取什么样的教育方式，则成为大多数父母面临的难题。

在父母眼里，孩子就是自己的宝。很多父母对孩子的教育方式，是一种宠溺的教育方式。他们对自己的孩子百依百顺，孩子要什么就给什么，孩子做什么都支持。他们认为这是对孩子的好，对孩子的爱。

有一位悦悦女士，她的姑娘今年3岁了，本来是一个乖巧听话、人见人爱的年龄，但孩子最近身上出现了一些糟糕的表现，让悦悦一家人感到头疼。

不知道从什么时候，孩子养成了骂人、说脏话的毛病。悦悦第一次听到孩子说脏话的时候，本以为孩子感觉好玩，再加上自己看孩子骂人的表情，就像个小大人一样，十分可爱，就没制止。

有一天吃中午饭的时候，孩子看着桌子上的饭菜不是自己喜欢吃的，就不乐意。一个仅仅3岁的孩子，竟然指着悦悦，说："都不给我做好吃的，滚。"悦悦起初感到十分震惊，愣了一下。一个3岁的小姑娘，竟然能说出这样刺人心肺的话，感觉既委屈，又痛心。自己每天把孩子当成宝来对待，为什么孩子脏话连篇，对自己一点尊重都没有？但又一想，自己亲生的，还能记仇吗？长大了就好了。

有一次，悦悦和丈夫带孩子去公园玩。看到别的小朋友拿着泡泡机玩，孩子上去就抢小朋友的泡泡机，嘴里还骂骂咧咧的："你个傻子，你把它给我。"那个小朋友不乐意了，想要拿回自己的东西，于是两个小孩子争抢了起来。悦悦和丈夫觉得两个小朋友的争夺战十分有趣，而且看自己的孩子占上风，就在旁边开心地围观。没想到，别人的孩子大约五六岁的样子，比悦悦的孩子个头高，也不是好惹的。见争夺不过，伸手就打在悦悦孩子的脸上，悦悦的孩子顿时鼻血直流。此时悦悦不乐意，找孩子的家长理论。那个孩子的家长说了这样一句话："我已经在旁边留意很久了，起初孩子说脏话、强抢东西，你们却从未制止，而是在一边开心地旁观。想必你们平时就是这么惯孩子的。你们在惯孩子的时候，就应当想到，这样的宠溺，总有一天会害了孩子。”

一句话点醒了悦悦，从此，她明白了一个道理：自己如果太溺爱孩子，舍不得好好教育孩子，孩子迟早要因此吃大亏。

生活中，越来越多的孩子，是被父母惯大的。我们身边有很多悦悦这样的家长，不给孩子立规矩行教育，而是一味地宠着惯着，导致孩子的性格越来越坏，做事情不考虑其他人的感受，任意妄为，而且不计后果。父母有没有思考过，孩子小时候想做什么就做什么，父母不加以管教，长大后孩子是否会因为不满意不如自己愿，就行不义之事，会酿成何种恶果？

孩子是父母的骄傲。如果父母亲手用宠溺、娇惯，将孩子培养成一个自私自利、无法无天的人，那么你的孩子在未来成长的路上，必将面临很多问题。父母应当时刻谨记一句话：惯子如害子，溺爱不是爱。

那么正确教育孩子、与孩子相处的方式是什么呢？

1.自己的事情自己做，体验成就感

不要总是觉得孩子太小，很多事情他们都做不好，父母就事事代劳。这样的宠爱，只会使孩子的动手能力逐渐丧失。如果要求孩子自己的事情自己做，他们在做完一件事情之后，内心是十分愉悦的。因为这让他们体验到了什么才是成就感，也由此更加热衷于主动去做自己力所能及的事情。

2.出现不良行为，应当及时制止

很多时候，孩子淘气，会做出一些事情，如将电梯里去往每个楼层的按钮都按了一遍、将妈妈很贵的口红给家里的宠物狗涂了一脸、弄得家里地板上全是肥皂泡泡……这些都是孩子的天性使然。虽然对别人没有直接危害，但也要用正确的引导方式及时制止。

如果孩子做出一些出格的事情，如用弹弓打碎了别人家的玻璃、故意推倒他人、故意向别人身上泼水……这些行为已经十分恶劣，能够直接给别人带来伤害。如果孩子犯了这样的错，父母还认为“他只是个孩子”，对孩子依然不问不罚，就是变相地鼓励孩子继续犯错。这会毁掉孩子的一生。如果是这样，请不要再用“他还是个孩子”，帮孩子逃脱责任。

3.让孩子明确行为底线

如果对生活中那些走上歪路的孩子进行分析，我们不难发现，这些孩子的内心里，几乎没有底线意识。他们做任何事情，只要自己想做、只要自己愿意做，就会按照自己的想法去做，这样孩子走上歪路也就不难理解了。

让孩子明确行为底线，其实就是给孩子立规矩，让孩子心理有杆秤，知道自己怎么做才是合理的，避免孩子走弯路。

4.让孩子自己面对挫折

很多父母，为孩子操碎了心：孩子人生中第一次上学，在幼儿园不适应怎么办？和小朋友玩不到一起怎么办？孩子到外地上学，平生第一次离家这么远，想家了怎么办？这些是绝大多数为人父母对孩子的担心。孩子遇到的挫折，就像是父母的命门，孩子还没有怎么样，全家人都已经惊慌失措，一颗焦虑的心，不知如何安放。

父母要明白，你不能陪伴孩子一生，也不能时刻给予他们庇护。要想让孩子更好地适应各种可能出现的不适应，就应当放手，让孩子自己历练、独立面对。与其每天为其提心吊胆，不如从小就锻炼孩子，让他练就一种能正视挫折、打败挫折的能力。

情感寄语

每一个孩子都单纯地像一张白纸，你怎么来画，他们就成为什么样的人。父母对孩子越是掏心掏肺，对孩子犯的错越是袒护，孩子越容易养成唯我独尊的性格和无法无天的心态。俗话说："养不教，父之过"，父母一定要学会正确教育孩子的方法，让孩子的未来能够少走弯路。

再婚篇

感谢你曾来过

Zai Hun Pian

第十章

离婚：走出过去情感生活的阴影

D i S h i Z h a n g

婚姻，无论开始还是结束，都需要男女双方进行深思熟虑的选择。结婚并不意味着自己的婚姻就能够成为永恒，离婚也并不意味着你的人生注定是失败的。其实，离婚可以让自己走出过去糟糕的情感生活的阴影，可以让自己换一种生活方式。

多少婚姻经得起背叛却毁于平淡

L O V E

在经过热恋之后，大多数人都以为自己找到了终身的幸福。不少人的婚姻会在开始的时候甜如蜜饯，随着生活一日日回归到平淡后，柴米油盐逐渐成为夫妻之间话题的核心内容。当彼此把各自的缺点，360度无死角地暴露给对方的时候，很多人表示难以接受，甚至后悔结婚，到后来两个人之间的婚姻就会面临变故和困扰。

有多少人的婚姻，会像这样，经不起平淡的考验？甚至又有多少人的婚姻，他们之间从来没有第三者的介入，也没有任何一方的背叛，却最终毁于平淡？

有一段时间，在私信里，有很多人都问我："我们出现平淡期了该怎么办？"有一位女士说，她与丈夫的感情基础很好，丈夫不抽烟、不喝酒，也不交乱七八糟的朋友，生活习惯良好。婚后一年，丈夫突然向她坦白，说公司有个女同事跟他搞暧昧，经常约他吃饭，但都被他拒绝了。她认为丈夫能对她毫无隐瞒，对自己一定是真爱。然而，两人在一起生活，时间久了，就会有一些问题出现。

后来，她生了孩子。丈夫为了升职，报了个在职研究生班，还制定了完整的健身计划。每天不是加班，就是健身，周末还要上课。而她白天需要上班，晚上还要照顾孩子。每次半夜孩子醒来都是自己忙，丈夫却在呼呼大睡。每当孩子哭得哄不住的时候，是她最无助的时候。她认为，丈夫只顾追求自己的健康和事业，从来都不帮她照顾孩子，根本没有考虑过她的感受。她觉得，丈夫之所以从来不带孩子，是因为，工作可以让男人有成就感，而带孩子则相反，不但成就感短期内不可预见，而且随着时间的加长和工作量的加大，会把一个男人的成就感消磨得一干二净。她认为，丈夫的所作所为太过自私了。那段时间，她甚至觉得她对丈夫已经不再爱了。她不想跟丈夫说话，甚至不想多看他一眼。后来，她的健康也出现了一点问题，但是为了继续哺乳，她无法接受治疗。她对丈夫充满了怨念，让自己变成了“怨妇”。

她总是在问自己，这就是我想要的人生吗？这就是我想要的婚姻吗？结婚之前，她梦想着能够组建一个和睦、有爱、互相帮助、互相关怀的家庭，生一个可爱的孩子。然而现在，不但她的愿望没有实现，还让她感觉自己每天生活在一个灰暗的家庭环境中。经过几个月对人生和婚姻的思考，她觉得她值得拥有和睦温馨的家庭，相信有人会来继续爱自己，给自己想要的生活。她不想让自己的孩子整天跟一个带着怨气的母亲，以及一个不负责任的父亲生活在一起。现在的状况，和她自己一个人带孩子有什么区别？与其这样，她宁愿自己把孩子带大。

所以，她决定和丈夫离婚。如今，她已经成了一名单亲妈妈。

其实，我对这对夫妻这样的结果感到惋惜。他们彼此之间经得起背叛的考验，却最终把婚姻毁在了婚后平淡的生活上。

事实上，这对夫妻的婚姻生活状况，在很多家庭中普遍存在。并不是彼此不在乎了，而是太把另一半当自己人了，认为对方一切都能搞定。两个人在一起后，生活总会趋于平淡。妻子负责料理家务，丈夫负责赚钱养家，或许彼此之间已经认为是理所应当的事情。也正是因为这种理所应当，使得原本平淡的日子，变得灰暗无比，最终将婚姻推向了终结的地步。

让婚姻牢不可摧的，不是孩子，不是金钱，而是在最平淡的婚姻生活中，在你最无助和软弱的时候，有人托起你的下巴，扳直你的脊梁，让你坚强，并陪伴在你左右，共同承受命运。那时候，你们之间除了爱，还有肝胆相照的义气，不离不弃的默契，以及刻骨铭心的恩情。

情感上总是波澜不惊，情绪上总是跌宕起伏。这就是平淡婚姻最真实的模样。但，无论如何，永远不要忘记结婚时立下的誓言，任何时候也不要低估你在他心里的地位，不要低估你的扶持和帮助对于他的重要性。

因为婚后生活太过平淡，两个人肯定都有过不下去的时候，但是我希望你一定要多坚持一下。拥有一段感情，真的很不容易，失去了才知道那个人究竟有多重要。

情感寄语

婚后生活过得平淡，是激情期过后的一种常态。要记住，婚姻生活原本就是由一个个再平淡不过的日子组成，它的主旋律就是“平平淡淡才是真”。那些能够在平淡生活中，依旧经营好婚姻的夫妻，必然懂得这个道理。这也是他们离婚率很低的主要原因。

女人，走一家不如守一家

L O V E

夫妻生活在一起，产生矛盾在所难免。即使再幸福的婚姻，也有过离婚的闪念。很多夫妻，因为一些家庭琐碎，激动的情绪一旦战胜了理智，就随口而出“离婚”。而对方也怒火中烧，就直接达成了离婚共识。

生活中，有多少夫妻，结婚时开开心心，信誓旦旦地说要永远爱着对方，不离不弃。但婚后，却转眼忘了最初的誓言，一言不合就离婚。

有很多数据证明，现在离婚率已经越来越高。其真正的原因，就是太多的人因为太过任性，不懂得对婚姻负责，总是轻易地选择放弃婚姻。在这个问题上，我认为尤其是女人，走一家不如守一家。

前段时间，有一位女士给我发私信，她说："前夫平时对我还是可以的，但他经常喝酒，每次喝酒就回来'发酒疯'，跟我吵架、扔东西。后来我实在忍无可忍了，便和他离了婚。把大儿子给了前夫，小儿子跟我。

离婚三年后，通过同城相亲，认识了现在的丈夫。现在的丈夫有三个孩子，与前妻离婚后他带两个儿子，他的妻子带一个女儿。当时我觉得他人挺实在，长得也好看。我们没有办酒席，他说二婚了，办酒席难为情。我也就同意了。我们拿了结婚证，就生活在一起了。不生活在一起，永远不知道这个人到底是什么样的。婚后，我在家做微商，空余时间就照顾三个孩子的生活起居。他的大儿子比较独立，能照顾自己，二儿子才8岁，十分调皮，每天搞破坏，我每天负责做饭、收拾屋子，陪他写作业，再就是帮他收拾烂摊子。他的二儿子每天上蹿下跳，楼下的邻居找上门好几次。丈夫却护短，说谁家孩子整天坐在那里不动？之后邻居更不高兴地吵了起来，还是我给赔不是，劝和的。我真是被这样的生活弄得筋疲力尽了。而我丈夫却每天回来什么也不管，只顾自己看电视、玩手机。这些也就算了，孩子犯错，我也不能管、不能问。每次和他沟通，他都是甩出一句话'你体会不到我'，然后就和我生闷气，和我冷战好几天。我整天提心吊胆地生活。以前我是一个十分开朗的人，现在生活把我折磨得沉默和抑郁了很多。我真的不知道我哪里还做得不对、做得不好？辛苦就不说了，还得不到他的好。我图什么？现在真不知道这日子该继续还是该放弃。"

老话说得好，走一家不如守一家。在这位女士身上，就是最好的体现。原配夫妻是结发夫妻，彼此经历了相识、相知、相恋、相爱、结婚，有深厚的感情基础，共同孕育出爱情的结晶。再婚则完全不同，半路夫妻，并没有完整的情感经历，再加上因为第一次婚姻的失败，彼此因为害怕再受到伤害而不能坦诚相对，更重要的是因为彼此孩子的问题，而使得婚姻中多了一重矛盾来源。所以，要想经营好再婚家庭，真的需要很多的精力、耐力、承受能力，以及各种状况的应对能力。

不少情感案例说明：女人，走一家不如守一家。很多女人以为离开了前任，还能遇到更好的现任。很多女人在第一次婚姻结束后，会后悔嫁给前任，虽然前任对自己真心实意地付出很多，但认为前任好吃懒做，不是自己想要的类型。但再婚后，却发现现任虽然不懒惰，但是他的收入，以及和你的关系非常微妙。他在你身上投资的每一分钱，都会细细考虑。你讨厌前任对你大吼大叫，与你争吵，但现任一个眼神、皱一下眉头，都会让你心塞很久。如果再婚后还做了后妈，你将会在现任的孩子和婆婆的夹缝之间求生存。

我见过很多宝妈，产后情绪没有调节好，导致自己没有做好身份的转换。在孩子很小的时候，就把“离婚”挂在嘴上。我会开导她们，你以为离婚了就能解决现在的问题吗？你离婚后，前任依然是孩子的爸爸，那个你看不上眼的婆婆，依然是孩子的奶奶。你以为躲避了前夫家庭中出现的问题，在与现任的婚姻中就能处理得很好吗？还是期待现任比亲生父亲还疼爱你的孩子呢？

离婚不是解决问题的办法。如果你学不会协调家人的关系，即便是再婚，也只是重蹈覆辙。所以，女人，就算婚姻出现了问题，也一定要全盘考虑清楚，和丈夫好好做一次沟通后，再确定要不要离婚。

情感寄语

结婚需谨慎，离婚同样需要谨慎。别把离婚当儿戏，也不要急于再婚。成年人，每做出一个决定，都是有代价的。不要觉得一次婚姻失败，下次肯定能成功。冲动离婚、欠考虑再嫁，这都是对自己的不负责。

最悲剧的婚姻就是将就一辈子

L O V E

关于婚姻，很多人认为，最好的婚姻就是不离不弃、相守一生。而最不幸的婚姻，就是走进了婚姻殿堂，却没有牵手走到白头。但我认为，最悲剧的婚姻，就是将就一辈子。

什么是将就的婚姻？就是没有爱的两个人，因为孩子、因为父母等原因，而不得不同在一个屋檐下继续生活，这样的婚姻没有惊喜、没有关爱、没有交流，毫无幸福可言。不论婚姻中遇到什么问题，都不要破罐子破摔，不要动不动就说：“算了，反正已经结婚了”“算了，为了孩子，忍吧。”你要知道，对于婚姻问题的一两次将就没什么，但是你要是一直将就，甚至打算这样将就一辈子，那么在生活中遇到的再小的问题，也会发展为大问题，甚至引发其他问题。

有一位叫小丹的女士，给我私信，她说她一直都为母亲的婚姻感到不值。还记得在小时候，她的父亲喜欢酗酒，喝醉之后就会情绪失控，她和母亲深陷其中，日子说不出的辛苦。有一次，父亲不在家，她偷偷地和母亲说："妈，我觉得你过得太苦了，要不然你跟爸爸离婚吧。"却不想，母亲瞪了他一眼，凶巴巴地说："你说什么呢？我跟你爸结婚都这些年了，你和弟弟还这么小，怎么离？"小丹的母亲看上去性格柔弱，但骨子里是无比固执的。她认为，只要婚姻还在，两个孩子的生活就能得到保障，却根本没想过，这会对他们造成多大的精神伤害。现在，小丹早已毕业参加了工作，但却对婚姻、对男人有一种说不出的排斥和厌恶感。或许她的母亲当初也没想到，当初自己的固执己见，如今会给小丹的心理带来巨大的阴影。

婚姻中，夫妻就像运转的齿轮。如果夫妻不和，就好比是两个齿轮相互之间不能吻合，这样继续将就，整个家庭就会出现运转问题，甚至整个家庭因此会崩塌。夫妻之间这种貌合神离的婚姻，孩子看在眼里，明白在心里。他们并不像你所想象的那样，只要夫妻二人把"戏"演足，就不会穿帮。事实上，孩子虽然小，但他们的观察力是很细腻的，他们会从你们相处的微妙变化中，感受到你们之间感情的变化。他们并没有你想象的那样不懂事。当你以为将就就是对孩子好的时候，也不妨站在他们的角度考虑他们的感受。夫妻之间分离固然会给孩子带来伤害，但不断争吵的婚姻，同样会给孩子带来沉重的心理阴影。

很多夫妻会像小丹的母亲一样，认为只要离婚了，受伤的必然是孩子，让孩子在一个单亲家庭中长大是一种不负责任的表现。可现实生活并非如此。那些在单亲家庭中长大的孩子，不一定就得不到幸福。可那些虽然在双亲家庭中长大的孩子，却因为父母之间没有了爱，过得并不幸福。孩子的成长并不取决于自己是否生活在单亲家庭，而是父母无论身在何处，能否履行自己为人父母的义务和责任，给孩子足够的关怀与呵护。即使你们分开了，只要彼此还爱着孩子，那他就不是单亲。婚姻需要的是洒脱，与其将就半生、假装恩爱，倒不如一别两宽，各生欢喜。孩子的幸福是建立在父母幸福的基础之上，父母幸福了，孩子自然也会幸福。

现代社会，当夫妻婚姻快要结束的时候，所有人都在劝这个女人，让这个女人为了孩子，把日子继续过下去。女人往往比较感性，她们往往最后选择了隐忍，为了孩子选择将就。鞋子合不合脚，只有自己知道。女人要知道，两个人在一起，如果彼此忍无可忍，就无须再忍。忍耐和包容，都是要有自己的边界和底线的。

情感寄语

很多夫妻迫于孩子的压力、外界的压力，他们会选择将就自己的婚姻。婚姻是神圣而庄严的，是值得我们认真对待的。如果对方不是你真心所爱，又如何能一起在两相生厌的情况下生活呢？又如何能一起度过漫长的余生呢？与其在痛苦中将就一辈子，不如果断放下。离婚未必是最糟糕的结果。

如果无法挽回，那就好好告别

L O V E

美好的婚姻，让每一个未婚者充满了憧憬和期待。但婚后生活是否像想象中的一样美好，关键在于自己如何经营。刚在一起时，夫妻双方大都懂得对方的可贵。但生活可以让人在油盐酱醋茶中渐渐忘却了爱情。甚至有的夫妻因矛盾而频繁产生争执，直至最后的情感破裂。两人的关系，从最初的恋人，到夫妻，最后成了“路人”。

小岚与丈夫相恋一年后，两人也彼此去见过对方的父母，每个人都很赞同他们结婚，甚至还被催婚。正当提及结婚的事情时，丈夫犹豫了，他跟小岚的解释是：给不了小岚幸福——因为自己没攒下多少钱，感觉结婚会很吃力，买不起车、买不起房，甚至连彩礼都拿不起，硬要结婚的话，担心小岚被人笑话。小岚平时看丈夫就活得十分节俭，对于他这一番话，小岚并没有感到意外，反而还安慰丈夫：不要有任何压力，如果自己是一个看重金钱的人，就不会选择和丈夫结婚。现在没钱没关系，只要好好奋斗，迟早会有的。小岚并没有催丈夫娶她，而是给丈夫时间去思考。一个月后，丈夫突然说要和她结婚，小岚感到十分开心，因为她终于可以成为丈夫的妻子，名正言顺地和丈夫在一起。

他们举办了一场充满欢声笑语的婚礼。虽然房子是租的，但小岚十分开心。婚后，两人的生活就像恋爱时一样，十分恩爱。按理说，他们之间的关系这么好，又没闹过矛盾，婚姻会过得十分幸福，但事实并非如此。

一天，丈夫提前回到家，做好了饭，摆上了红酒。这是以前从没有过的事情。小岚本来十分开心，认为这是丈夫给自己制造的浪漫晚餐。没想到，晚饭后，丈夫趁着酒劲儿，和小岚说，要和小岚离婚。原因是，丈夫感觉自己对小岚的爱，已经耗尽了，对小岚没感觉了，总是觉得很累、很烦、很不安。小岚听到丈夫的话，顿时感觉整个世界都要崩塌了，过得好好的就说要离婚。给出的离婚解释也含糊不清，怎么能说离婚就离婚呢？难道是丈夫喜欢上了别人？还是自己做错了什么？小岚越想越难过。从恋爱到现在，三年多，自己付出了青春，尽自己最大的力量爱对方，生活中并没有犯什么错，丈夫凭什么一句话就让自己离婚？

小岚十分不甘。于是就跟踪丈夫，恰好发现丈夫和公司里一位女同事相遇并一同上班，就认为是丈夫背叛了自己，所以要和自己离婚。她直接到丈夫公司，大闹一场。丈夫当时和那位同事很难堪，为了不在那么多同事面前再丢脸，丈夫甚至给小岚跪下，求小岚离开……

大闹一场后，丈夫更加坚定，离婚是迫在眉睫的事情，当晚就拟定了离婚协议。小岚内心充满了不甘和愤怒，认为这样离婚是亏待了自己，成全了别人，坚决不同意。于是，小岚在一位“粉丝”的引荐下，向我求助。

经过协调与沟通，事实上，小岚的丈夫提出离婚，并不是因为背叛，与女同事上班只是凑巧。而真正导致丈夫想要离婚的是，丈夫心理压力过大而想要逃离。虽然这种离婚方式有点不负责任，但如果站在他的角度来考虑，也是可以理解的。一个男人，给不了女人想要的生活，这种爱情或许可以将就，但在婚姻中会给男人很大的压力。尤其是他用尽全力之后，却依然达不到想要的效果时，内心是很容易崩塌的，从而丧失自信和勇气。

多数人在另一半提出离婚时，会难以接受这样的事实。但对于小岚来讲，不论你接受不接受，无论如何，也不应当以这种极端的方式来发泄内心的不满和不甘。这样只能让对方产生更大的压力、焦虑，甚至让对方感觉受到了严重的羞辱，从而使你们的离婚加速到来。

俗话说，“好聚好散”。如果无端被一方提出离婚，最好的方法就是两人坐下来坦诚沟通。如果你也尽力挽回过，对方却铁了心不想继续过下去，那么与其纠缠下去，不如好聚好散。和对方苦苦纠缠谁对谁错，埋怨、怨恨、诋毁对方，毫无意义，只能使两人更加疲惫，越过越惨；好聚好散，至少能给彼此留下一点好印象，留下一点尊严。

情感寄语

在婚姻这件事上，每个人都要对自己负责。如果你们的婚姻真的已经“阵亡”了，那么就及时止损，好聚好散。余生那么长，不如将往事一笔勾销，余生各自安好。

再婚篇
感谢你曾来过

Zai Hun Pian

第十一章

再婚：第二次也很美

Di Shi Yi Zhang

很多人在第一次婚姻经营不下去的时候，就会选择放手。但他们并没有就此关闭自己的心门，而是选择从第一次失败的婚姻中走出来，勇敢迎接属于自己的新生活。此时，你会发现，如果经营好了，第二次婚姻也可以很美。

再婚更要懂得相爱不易，相处更不易

L O V E

不少人在离婚后，选择进入人生的第二次婚姻。与结发夫妻相比，再婚夫妻感情基础并不深厚。两人因为有过失败的婚姻，虽然重新组合家庭走在了一起，却在婚后生活中表现出一系列的问题。多数半路夫妻都会遇到相爱不易，相处更不易的境地。

再婚夫妻为何会处于这样的境地呢？我总结了一下，一共有以下几方面原因：

1.难以掏心掏肺地相处

再婚夫妻，因为前一段婚姻经营不善，导致内心对婚姻充满了不信任感，也难以敞开心扉、掏心掏肺地与现任相处。这就会使再婚婚姻如履薄冰。

有一天，有个“粉丝”问我，是不是再婚夫妻之间都像自己的婚姻这样难相处？这位“粉丝”与现任是二婚。原本认为，前一段婚姻因为自己没有经营好，现在自己已经是二婚了，一定要好好珍惜。但没想到的是，自己对现任和他的家人掏心掏肺，而现任却一直把她当外人。家里的大事小情，丈夫都和自己的哥哥、爸妈商量，从来没有问过她的意见，也从来不考虑她的感受。

一天，她在收拾屋子的时候，无意间发现了一张房产证，原来是丈夫一次性花了50多万，全款给他儿子买的房子。他的儿子由他的前妻带着，而且才11岁。如今，她与现在的丈夫生了女儿，丈夫却背着自己，偷偷转移财产。难道抚养共同生育的女儿长大，就不需要开销了吗？她越想越来气，甚至有离婚的冲动。问我如何是好？

经过询问，得知，她丈夫买房用的是自己的钱，没有花她的钱，也没有动他们的共同财产。其实，人都是有私心的，她的丈夫这么做，是疼惜自己儿子的表现，也是人之常情。丈夫花钱给与前妻生养的孩子买房，虽然没有与她商量买房的事情，但却没有动用她的一分钱，其实也算是一个负责任的男人。毕竟，买房子的钱是丈夫与你结婚前的财产，他有自由支配的权利，不和她商量，也在情理之中。所以，我劝她，再婚夫妻本来就已经十分不易，能够掏心掏肺的彼此相待，更不容易。想要得到幸福，就必须更加懂得婚姻的经营，付出的也将更多。在自己经济不受损的情况下，不必太较真、太计较，否则再婚就更加难以为继。

2.总是喜欢和前任比较

俗话说：人比人，气死人。但哪个人又能做到不对比呢？因为前后经历两段婚姻，所以在生活中，总是喜欢拿现任和前任进行对比。虽然前任已经成为过去式，但总是感觉现任有很多地方不如前任优秀。在心里对比就算了，千万别说出来。如果经常嘴里说前任如何优秀、如何好，这对现任是一种伤害。既然现在和你一起生活的是现任，那么经常在现任面前提起前任就是再婚家庭的大忌，如果还总是说前任的优秀，让现任情何以堪？

3.金钱问题上有所防备

再婚夫妻大多因为前一段婚姻告终时，产生的财产纠葛问题，给其带来了严重的心理阴影。再婚后，难以再次做到信任对方。所以，夫妻都是各管各的钱。

我认识一位女士，她离婚两年后，与现在的丈夫再婚，如今再婚已经五年了。为了维护好自己的婚姻，她一直在十分努力地调和与现任丈夫之间的关系。她与现任丈夫重组家庭时，带着九岁的儿子，丈夫有一个女儿。她与前夫离婚后，孩子都是她自己养大的，所以她的收入还算过得去，也从来没有想过问现在的丈夫要钱花。这五年里，她与现在的丈夫过日子，都是AA制。

有一次孩子新学期，学校要求八月底交学费，她在中旬才发工资，因此就想着先向丈夫借一下，发了工资就还他。没想到，丈夫直接拿出纸和笔，让她写一张借条。这对于她来讲，自尊心受到了极大的伤害。面对这样极度不信任的夫妻关系，她内心一下子崩溃了。在这之后，她的丈夫连买菜都会记账，然后夫妻两人平摊。她甚至后悔嫁给了这样的男人。

而她对现在丈夫的家人，则从来没有小气过。她觉得，或许，现在的丈夫从来都没把她当做是自己人。即便心里在难受，她还是忍了。因为她觉得，就算是离婚了，可能下一个人还是一样的情况。这样的话，和谁过都一样，她也就不再过于计较了。她现在唯一希望的就是努力挣钱，把孩子健健康康地养大。

其实，不管是头婚还是再婚，二者都重在经营，贵在信任和包容。做到这些，再婚也可以很美。

情感寄语

半路夫妻，如果为了各自的利益各藏心眼，与对方相处，不能坦诚以待，那么这样的婚姻注定不会走得太远。对的婚姻，不分早晚；好的感情，不分先后；幸福的婚姻，不分原配还是半路夫妻。

再婚难逃孩子的教育问题

L O V E

在进入再婚生活后，很多夫妻认为，只要他们深爱着对方，一切问题都不是问题。然而，孩子的教育问题，往往给他们带来的压力是非常巨大的。

首先，孩子因为父母离婚，而沉浸在失去父母一方的爱、失去朋友和熟悉的家的情绪中，而不能自拔。

其次，孩子还要强行与重组家庭中的陌生面孔在同一个屋檐下生活，会因此而无法适应。

再次，面对家庭中亲子关系发生改变，对全新的家庭关系的稳固性抱有怀疑的态度，并由此产生强烈的不安全感。

然后，孩子会认为家里有别的孩子出现，抢夺了父亲或母亲对自己的爱，父亲或母亲不会再全心全意关心和爱自己，由此产生一种被忽视感。这些在孩子的心里，都是让他们无法面对和接受的。

最后，父母离异，对孩子来讲，他们最初的家庭是别的家庭永远也无法取代的。因为父母的离异和再婚，他们的情绪此起彼伏，精神也因此饱受折磨。

所以，再婚夫妻，需要做的最重要的事情，就是做好孩子的思想工作，解决好孩子的教育问题。

1.感同身受地理解孩子，与孩子独处

孩子在经历了一次父母离异之后，失去了父爱或母爱，又面临与新家庭中的陌生成员相处，这一系列突如其来的遭遇和经历，让孩子难以接受。再婚父母，要多花一些时间，多给孩子一些关爱与呵护，并向孩子传递一种“我能懂你”的情感，这样可以让孩子从难过的情绪中走出来，放下对陌生成员的戒备心理，尽快融入新的家庭生活当中。

此外，还应当在和对方孩子培养感情的同时，多腾出时间单独和自己的孩子在一起，让自己的孩子明白，虽然家里多了新成员，但父亲或母亲对他们的爱，依然像以往一样，没有发生任何改变。要让他们知道，他们依然是父亲或母亲心里最疼、最爱的孩子。

2.营造团结友爱的家庭氛围

孩子在原生家庭中，因为父母离异而受到过一次伤害，他

们本能地因为害怕受到更多的伤害，而选择封闭自我，或产生排斥心理。这也是为何他们会心怀戒备或者对新成员出言不逊的原因。

要想让孩子融入新家庭，接受新家庭成员，首先就要营造好的家庭氛围。好的家庭氛围，并不是用物质把孩子包裹起来，通过物质的满足而让孩子暂时忘却之前因家庭成员的变化而给自己带来的伤害，而是让孩子认为自己所处的这个新家庭，是一个充满了团结和友爱的地方，让家里充满欢声笑语，让孩子感受到新家庭的温暖。

全家人可以带孩子一起出去郊游，如果遇到突发状况，一家人能够一起商量，在大家的共同努力下将问题解决。这种团结友爱、关系融洽的场景中，孩子就会受到感染，感受到新家庭的温暖，感受到大家共同努力而收获的快乐。对于孩子来说，开心快乐，永远比其他所有的东西都更具吸引力。团结友爱的家庭氛围，能够让他感到快乐，会阻止悲观情绪的蔓延，这更加有利于孩子开心地与新家庭中的成员和平共处。

孩子是敏感的，也是单纯的。再婚夫妻，一定要注意孩子的教育问题。不要错误地认为，将夫妻之间的感情放在首位，孩子的问题是小问题。其实，孩子的问题得不到解决，再婚家庭关系也难以很好地维系下去。再婚夫妻要想经营好婚姻，就必须要对孩子的教育问题给予重视。

情感寄语

正确引导和培养孩子的感情，解开孩子的心结，给孩子心灵上的归宿。这些不但利于孩子的健康成长，也有利于再婚家庭的和睦和长久。这也是再婚家庭成功的重要因素之一。

进退有度，化解“后爹后妈”的尴尬

L O V E

很多人再婚，不单单是两个人的结合，而是两个家庭的重组。再婚夫妻牵扯最多的问题，就是如何扮演好后爹、后妈的角色。在再婚家庭中，最重要的是，如何把两个原本生活模式不同的孩子聚在一起，让其在新的家庭环境中茁壮成长。这是很多再婚夫妻需要面对的问题。

生活中，很多“后爹后妈”总是感觉自己做不好，害怕孩子不喜欢自己。对孩子不闻不问，是对孩子不关心；孩子犯错误，听之任之，自己在内心里会十分自责；言语教训，说多了又担心孩子记恨。“后爹后妈”的境遇，实在是尴尬。所以，做一个优秀的、受对方孩子喜欢的“后爹后妈”实属不易。

其实，只要把握好分寸，化解“后爹后妈”的尴尬，也不是难事。我在这里给出几点建议：

1.一碗水端平

再婚家庭中，在面对孩子时，每个人都是有私心的，这是无可厚非的事情。孩子是自己身上掉下来的肉，孩子的身上流淌着自己的血，所以，父母总是对自己的孩子疼爱有加，而忽视了对方孩子的感受。这样，对方孩子就能感觉到你的私心和偏袒。这种保持偏向疼爱自己孩子的心理，又岂能不给对方孩子的内心造成伤害？夫妻之间又如何能同心？家庭又如何能和睦呢？

真正能够过得幸福的再婚夫妻，就是要真心接纳和关爱对方的孩子，然后无论任何事情都要一碗水端平，那样孩子开心了，夫妻之间才能将日子过好。

我有一个“粉丝”，叫小金。她与丈夫离婚，两年后再婚，带着七岁的儿子，嫁给了一个带着八岁男孩的人。说实话，这个人的家庭条件很不错，经济条件比小金的前夫要好很多。但是，在婚后的日子里，小金总是介意现在丈夫的儿子。

在暑假的时候，小金拿着现在丈夫的钱，给自己的儿子报了八万元的国外夏令营，而给丈夫和前妻生的孩子只报了八千元的补习班。这种区别对待，使得丈夫和前妻生的孩子十分不满，也使得丈夫对小金产生了看法。由于小金经常偏爱自己的儿子，而忽略了丈夫孩子的感受，就使得丈夫的孩子对小金产生了敌意。有一次，丈夫的孩子还设计陷害自己和儿子，丈夫因此信以为真。

如今，丈夫和小金的关系没有以前那么好了，甚至感觉自己的家庭地位也开始有所下降。小金开始着急了，她不想让自己的第二次婚姻再次失败。于是她找我，希望我能帮她指点迷津。

其实，小金的问题就在于，她做事情不能一碗水端平，这是让丈夫的孩子与她和自己的儿子心生芥蒂的根本原因。如果她能心胸开阔点，把丈夫的孩子视如己出，真诚地对待丈夫的孩子，做到一碗水端平，甚至能稍微偏袒对方的孩子多一些，那么情况则会大不相同。

2.相处要自然

其实，很多重组家庭中的继父继母，生怕孩子难以接受自己，导致家庭不和睦。所以他们在与孩子相处时，会感觉十分紧张。为了哄孩子开心，做事情会十分小心翼翼。其实，你越是这样，越会让孩子觉得你的行为举止太过虚伪和做作，反而不利于增进你们彼此之间的感情。与孩子相处，越自然越好，该认真的时候要认真，该放松的时候要放松，不要忽略孩子的感受，也不要对孩子过分关心。

3.和孩子做朋友

和孩子拉近关系的一种好方法就是与孩子做朋友。好朋友之间会彼此分享自己的秘密，为彼此保守秘密。

比如，当孩子犯了一些没触及底线的小错误时，可以不告诉他的亲生父亲或母亲，但让他在私下里保证不再犯这样的错误。这样既让孩子感觉你保护了他，又让他因为你能和他有商有量，从而觉得受到了尊重。孩子自然愿意与你亲近起来。

4.和孩子玩在一起

喜欢玩是孩子的天性，如果能和孩子玩在一起，并让孩子因此而崇拜你，认为你是个优秀的“玩家”。那么他每次玩的时候，就会找你带着他一起玩。这样，你们之间的关系就会自然而然地融洽起来。

一场婚姻，需要男人和女人交付真心。如果只疼爱自己的孩子，不能将对方的孩子视如己出，做不好继父继母，那么你的二次婚姻想要幸福，也是比较难的。

情感寄语

孩子虽小，但也是明事理的，你对他好，他才愿意对你好。你对他藏着掖着，他自然不愿意与你交好，甚至与你对着干。毕竟，父母婚姻破裂，已经对孩子幼小的心灵造成了伤害，我们为什么不能宽容和大度一点，因为爱自己的另一半，而接受他（她）的孩子，给他（她）的孩子多一些耐心和关爱呢？

再婚要把握好与前任的界限

L O V E

对于再婚夫妻，要想过得幸福，更需要好好经营。但很多时候，无论经济上，还是情感上，或多或少都会与前任有所纠葛。

比如，为了孩子，与前任有经济上的纠葛；前任后悔离婚，与前任有情感上的纠葛等。这些对于再婚家庭来讲，会给自己的婚姻蒙上阴影。前任仿佛无时无刻都会出现在现在的婚姻当中，仿佛成了影响家庭生活的“第三者”。所以，再婚夫妻，无论哪一方，都要把握好与前任的界限。

通常，再婚夫妻与前任之间要处理的关系有以下几种：

1.与前任的情感纠葛

很多时候，虽然与前任离婚，但有的前任则不愿放手，经常给你打电话、发信息，在情感上与你纠缠不清。这种关系如果处理不好，就会对你和现任之间的关系带来极大的影响。毕竟，与现任在一起，还与前任有情感瓜葛，会让现任吃醋、焦虑和不安。

所以，既然与前任已经成为过去式，要断就要断得干净、断得彻底。各自安好，互不打扰，关起门来过好各自的新生活最好不过了。如果你自己难以搞定，最好向现任坦白一切，并向现任寻求帮助。这样，一方面，可以避免现任的不开心和不满，减少彼此之间的误会；另一方面，可以将自己从眼前的困境中抽离出来。

陈洁与丈夫离婚，由于丈夫是过错方，所以丈夫净身出户，孩子判给了陈洁。三年过去了，前夫经常给陈洁打电话、发信息，说一些“自己错了”“十分后悔”“求你原谅”“重新和好”之类的话。时间久了，陈洁对这些已经不放在心上了，只管过好自己的生活。因为有孩子，所以陈洁虽然讨厌前夫，但一直没有换手机号。后来，经人介绍，陈洁与现任丈夫相识，并结婚。虽然两人是半路夫妻，但彼此之间的感情还算不错。

然而，结婚半年，现在的丈夫就对陈洁有很大的意见。因为他看到陈洁的手机上有很多来自她前夫的信息和电话，而且前夫发的信息中，用语亲切，情意绵绵。丈夫看后，认为陈洁与前夫之间还藕断丝连。一天，丈夫终于大发雷霆，跟陈洁大吵了一场。陈洁对丈夫的不分青红皂白就大声呵斥，感到很委屈，大哭一场后，带着孩子离开，回了娘家。彼此冷战了将近半个月。

后来，陈洁给我打电话，说了自己的情感问题，并表示，自己担心丈夫误会，所以才一直没有把前任总是纠缠自己的事情告诉他。但没想到的是，现在的丈夫居然什么都不问，直接劈头盖脸地和自己大吵起来，数落自己的不是。这是让陈洁感到最伤心的事情。所以陈洁认为，或许是现在的丈夫对自己爱得并不够深，才会这样。

其实，我并不这样认为。每个有感情的人，在爱面前，都是自私的，并充满强烈的占有欲，也会因为这种自私和占有欲而心生嫉妒。陈洁的现任丈夫就是因为爱她，所以才表现出这些举动，这是人的本能反应。相反，我觉得，整个事情当中，错了的人是陈洁。首先她应该及时告知前夫，离婚了两个人就缘尽了，没有在一起的可能，让前夫死心。其次，再婚后，她应当向丈夫坦诚相告，这样能避免不必要的误会，同时还能从丈夫那里寻求帮助，解决了前夫不断纠缠的问题。后来，陈洁诚恳地接受了我的建议，主动找丈夫道歉，并郑重其事地与前夫沟通，让前夫彻底死心。丈夫在得知这一切之后，也表示自责。最后两人重修于好。

2.与前任的经济纠纷

虽然两人夫妻缘尽，但因为孩子的抚养权、财产分割等问题，使得离婚后，双方还因为经济关系纠缠不清。

面对这样的困境，最好的办法就是找相关机构快速裁决，让自己尽快走出这种纠缠不清的境地。

3.与前任的孩子问题

离婚后，前夫与前妻之间面临的是孩子的抚养权和探视权问题。因此，即便离婚，两人见面也在所难免。

在这种情况下，每次因为探视而不得不与前任见面，最好的方法，就是提前向现任告知你与前任见面的时间、地点，这是对自己现有家庭经营和维护的最好方式，也是让孩子能够学会面对现实的最好方法。

再婚，是对逝去的婚姻进行彻底的告别。再婚，不仅仅是人生的重新开始，更重要的是对过往的告别。尤其在前任的问题上，如果处理不好，在现任这里也落不下一点好，反而成了一个脚踏两只船、对感情不忠的人。所以面对新的再婚生活，你首先要从把握好与前任之间的界限开始。

情感寄语

随着婚姻状态的改变，人物关系也会发生变化。感情从来都是自私的，前任是好是坏，都应该彻底放下。离婚后，还能再婚，实属不易。不要因为与前任的纠缠不清，而毁了这来之不易的新生活。